DAGMAR SCHÖNLEBER

Nackt im Bus

Buch

»Nackt im Bus« ist eine Sammlung der schönsten Episoden aus dem Leben der »Thirty-plus-Generation«, der Zeit zwischen dem Job als Kellnerin und dem Traum vom Erfolg. Geschichten aus der Großstadt und aus Ostwestfalen, von Jugend, Liebe und Sex, von roten Glückssocken und weiblichen Schwächen, von Liebeskummer, seltsamen Freunden und noch seltsameren Träumen. Und von den Schwierigkeiten, wenn dein Bewusstsein Martin Luther King und dein Unterbewusstsein Martin Semmelrogge ist, und man plötzlich vor der Entscheidung steht: Altersvorsorge oder Karten für ein AC/DC-Konzert?

Autorin

Was passiert, wenn eine junge Frau aus Ostwestfalen in die Großstadt zieht und dort auf Anraten ihrer Eltern was »Richtiges« lernt? Genau, man erhält eine diplomierte Sozialarbeiterin, die als Gelegenheitstherapeutin und Teilzeitrockstar vor allem Comedy macht. Dagmar Schönleber wurde u. a. bekannt durch ihre Rolle des »Frl. Schochz« in der WDR-Kabarettserie »Stratmanns«, mit vielen Soloprogrammen, mehreren Kabarett- und Kleinkunstpreisen und zahlreichen TV-Gastauftritten wie z. B. in den »Mitternachtsspitzen«.

Dagmar Schönleber

Nackt im Bus

Melancholerische
Großstadtgeschichten

blanvalet

Erweiterte und von der Autorin überarbeitete Neuausgabe

FSC
Mix
Produktgruppe aus vorbildlich
bewirtschafteten Wäldern und
anderen kontrollierten Herkünften

Zert.-Nr. SGS-COC-1940
www.fsc.org
© 1996 Forest Stewardship Council

Verlagsgruppe Random House FSC-DEU-0100
Das für dieses Buch verwendete FSC-zertifizierte Papier
Holmen Book Cream liefert Holmen Paper, Hallstavik, Schweden.

1. Auflage
Erweiterte Neuausgabe März 2010 bei Blanvalet,
einem Unternehmen der Verlagsgruppe Random House GmbH,
München.
Copyright 2008 © by Dagmar Schönleber
Copyright 2008 © der deutschsprachigen Ausgabe by Verlag
»Die Muschel«, Köln.
Die Veröffentlichung dieses Werkes erfolgt auf Vermittlung
der Autoren- und Verlagsagentur Peter Molden, Köln.
Umschlaggestaltung: HildenDesign, München, unter Verwendung
eines Motivs von GlobalP/iStockPhoto
LH · Herstellung: sam
Satz: Uhl + Massopust, Aalen
Druck und Einband: GGP Media GmbH, Pößneck
Printed in Germany
ISBN: 978-3-442-37420-5

www.blanvalet.de

Inhaltsverzeichnis

Vorbemerkung

Ich komme aus einem Dorf in Ostwestfalen. Wenn ich das Menschen erzähle, die anderswo aufwuchsen – ganz egal wo, es kann sich sogar um Buxtehude oder Hassloch handeln –, schütteln sie mitleidig den Kopf oder schweigen in einer Mischung aus Mitleid und Bestürzung. Ehrlich, ich glaube, Ostwestfalen ist die am meisten bekopfschüttelte Region Deutschlands, nur der Osten ist noch schlimmer dran. Also wirklicher Osten jetzt, nicht nur namentlich. Natürlich empfinden die im Osten selber das nicht so, auch die schütteln bei »Ostwestfalen« traurig den Kopf und sind heimlich froh, dass es Leuten noch schlechter geht als ihnen.

Ich komme aus Kleinmarpe, das liegt im Süden Ostwestfalens, also in Süd-Ost-Westfalen, und wenn das erst mal herausgekommen ist, dann nimmt einen keiner mehr ernst.

Kleinmarpe ist genauso spannend wie es klingt, das

heißt, die Hauptattraktion ist der Kreisverkehr. Aber es gibt auch echte Sehenswürdigkeiten in Ostwestfalen: das Hermannsdenkmal zum Beispiel, von dem man glaubt, dass es gar nicht hier hingehört, weil die Cherusker und die Römer sich angeblich andernorts zermetzelt haben, und es gibt die Externsteine. Dort allerdings treffen sich abwechselnd Nazis und Druiden, hin und wieder stürzt sich dort jemand in den Tod. Und wir haben Paderborn. Also alles nichts, was durchweg positiv auffiele. Bei uns gibt es Landschaft, Dämonen und Zwangsexorzismus durch Katholisierung. Trotzdem habe ich den Fehler gemacht, als Erstes, sobald ich dem Elternhaus legal entkommen konnte, nach Paderborn zu ziehen – vermutlich, um zu prüfen, ob es im Gegensatz zu Bielefeld überhaupt existierte. Ich wurde enttäuscht. Paderborn gab es tatsächlich.

Jahrelanger Freizeitgestaltung durch Kircheninitiativen endlich entronnen, fand ich mich an der katholischen Fachhochschule wieder. Schnell wurde ich mir der Notwendigkeit bewusst, erneut den Ort zu wechseln, zumal sich Paderborn zwar ein wenig in der Größe, nicht aber in der Anzahl von Möglichkeiten, gleich welcher Art, von Kleinmarpe unterschied. Wo aber sollte ich hin? Es musste eine Großstadt sein, klar. Eine große, abgefahrene Großstadt. Eine Großstadt mit einem Nachtleben *nach* dreiundzwanzig Uhr. Bisher hatte ich unter Lichter der Großstadt immer nur Ampeln verstanden. Ich wollte mehr. Eine große, wilde Großstadt.

Aber nicht *zu* groß. Und vielleicht für den Anfang auch nicht ganz so wild. Auch nicht München. Berlin sowieso nicht. Viel zu groß. Fast hätte ich den Anfängerfehler begangen und wäre nach Münster gezogen, in die Übergangsstadt. Münster ist aber fast noch katholischer als Paderborn, falls das überhaupt noch geht, nur gibt es dort mehr Fahrräder.

Dann gab mir jemand einen Tipp: »Je geringer die Frömmigkeit, desto größer die Kirche!« Also zog ich nach Köln. Nach mittlerweile elf Jahren kann ich sagen, dass auch Köln nur ein Dorf ist, irgendwie, wie auch Berlin manchmal ein Dorf sein kann oder auch die ganze Welt. Wer hat noch nicht im Urlaub, sagen wir auf Bali, mal jemanden von früher getroffen (und wollte ihn schnell wieder loswerden)? So brüstet sich dieses Buch dem Untertitel zufolge zwar prahlerisch mit »Großstadtgeschichten«, die aber haben ihre Wurzeln allesamt im Kleinen. Ostwestfalen ist überall, und irgendwie ist das auch gut so, denn das schon bekannte Elend vermittelt einem das Gefühl, auch anderswo eine Heimat zu haben.

Ob diese Vorbemerkung auch nur im Ansatz etwas mit den folgenden Inhalten zu tun hat, müssen Sie selbst entscheiden. Nur, dass es hinterher nicht wieder heißt: »Wenn ich das gewusst hätte …!«

Das ist alles nur ein Missverständnis oder Schatz, es ist nicht so, wie du denkst

»I AM THE GOD OF HELLFIRE… AND I BRING YOU…«

Mist. Was brachte ich denn noch mal? – Typisch, musste mich ausgerechnet auf dem Höhepunkt meiner Karriere das Gedächtnis verlassen? Bis gerade eben hatte ich mich großartig gefühlt. Wie man sich eben fühlt, von Massen umjubelt, auf einer 40x20 Meter großen Bühne stehend. Hunderttausend oder noch mehr geifernde Fans sahen mich in gespannter Stille an. Sie wollten wissen, was denn der God of Hellfire heute so für sie mitgebracht hatte. Ärgerlich dachte ich, dass die Masse da doch eigentlich von alleine drauf kommen müsse, schließlich kam mir dieses Intro selber einigermaßen bekannt vor. Selbst wenn es von mir stammte, sollte meine Fangemeinde meine Texte doch eigentlich auswendig können, oder etwa nicht!?

Ich setzte erneut an: »AND I BRING YOU…
äääh…«

»Ja, was denn?«, schrie jemand aus der 112. Reihe.

»Ein Bier?«, schlug jemand aus der ersten Reihe schüchtern vor.

»Jaaa, ein Bier!«, juchzte ein Zweiter.

»Zwei Bier!«, klang es aus der zweiten Reihe.

»Freibier?! Freibier für alle!«, schrie die gesamte dritte Reihe.

»Freibier?«, wiederholte ich verständnislos. »And I bring you Freibier!? Das reimt sich doch gar nicht! Seid ihr blöd?«

Ein unmutiges Raunen ging durch die Menge, und wenn fünfhunderttausend Leute unmutig raunen, klingt das in etwa so, als wenn hundert Meter neben einem eine Lawine ins Tal kracht.

»Waaaaaaaas? Kein Freibier? – Buuuuuuuuuh!«

»Geiziges Pack!«

»Kapitalistenschlampe!«

»Buuuuuuuuuh!«

Irgendwas lief hier verkehrt, und zwar in die völlig falsche Richtung.

»Und scheiße aussehen tust du auch, so nackt!«, setzte jemand dem Ganzen die Krone auf.

Moment mal. Nackt!?

Ich sah an mir herunter. Tatsächlich. Ich stand nackt vor achthunderttausend buhenden Menschen und das in der Weihnachtszeit, was man meinen Hüften ansah.

Ich versuchte, mich mit dem Mikrofonständer zu bedecken, was relativ erfolglos verlief, und wollte die Situation retten, indem ich begann, laut »Sankt Martin« zu singen.

Ein Regen aus Bierbechern und anderem Zeug ging auf mich hernieder. Ein Plastikbecher traf mich hart am Kopf. Ich taumelte. Was für ein würdeloser Tod, dachte ich noch, nackt auf der Bühne vor einer Million buhenden Menschen von einem Plastikbecher erschlagen zu werden.

Von einem PLASTIKBECHER erschlagen?! Wie geht das denn? Aber mein Kopf tat wirklich weh!

Ich machte die Augen auf und saß im Bus. In einem ganz normalen Bus, noch nicht mal ein Tourbus. Wie denn auch? Ich hatte ja gar keine Band. Gott sei Dank, alles nur ein Traum! So ein typischer Alptraum, nackt vor fünf Millionen buhenden Menschen, schlimm. Erleichtert sah ich an mir herunter. Mist. Ich war immer noch nackt. Nackt im Bus! Mir stockte der Atem. Ich sah mich um. Es waren nicht mehr so viele andere da, aber auch ein Bus voller Leute, die einen anglotzen, ist genau ein Bus voller Leute zuviel, wenn man nackt ist.

Fieberhaft überlegte ich, was ich in den letzten Stunden getan oder genommen haben könnte, um mich in einer solchen Lage wiederzufinden. Mir fiel absolut nichts ein, was mir wiederum logisch erschien, ich musste ja wenn, dann wirklich viel genommen haben.

Der Bus hielt an, ich witterte meine Chance und

stürzte hinaus, aber ungefähr fünf Mitreisende nahmen brüllend die Verfolgung auf. Ich rannte um mein Leben und meine Ehre, aber drei der Verfolger holten stetig auf. Kein Wunder, ich wurde auf einmal ja auch immer langsamer, kam nicht mehr richtig vorwärts, lief wie durch Watte. Da packte mich einer an der Schulter und riss mich herum. Ich holte aus, um ihm einen ordentlichen Haken auf die Nase zu geben, aber ich hatte keine Kraft, so als ob ich unter Wasser stünde. Es sah nicht gut für mich aus.

Zum Glück fiel mir dann ein, dass ich ja fliegen konnte.

Ich wedelte mit den Armen und stieg in die Luft, gerade so hoch, dass meine Verfolger mich nicht mehr erreichen konnten, egal wie sehr sie mit den Armen wackelten. Bei näherer Betrachtung erkannte ich, dass sie sich in Zombies verwandelt hatten und sie nicht mit ihren Armen wackelten, sondern mit ihnen nach mir warfen. Wie gut, dass mir der Trick mit dem Fliegen noch rechtzeitig eingefallen war! Warum macht man das nicht viel öfter?

»Weil es nur ein Traum ist«, dachte ich selig, dann stürzte ich ab.

Hart schlug ich auf dem Boden vor meinem Bett auf. Wenn ich eines hasse, ist das, einen Traum im Traum zu haben. Wahrscheinlich habe ich auch, wenn ich schlafe, zuviel Langeweile.

Ich stand auf und ging in die Küche, als es an der

Tür klingelte. Na, da hatte wohl mein Liebster den Schlüssel vergessen oder fand das Schlüsselloch nicht mehr.

Ich öffnete, und Torsten fiel mir um den Hals.

»Ich hab' dich so vermisst!«, keuchte er in mein Ohr.

»Und ich hatte voll die Alpträume«, stöhnte ich.

Wir knutschten wild, Spontansex wirkt ja bekanntlich entspannend. Plötzlich stutzte ich. Torsten war doch gar nicht mein Freund! Also nicht im Sinne von *mein Freund*, mein Lebensabschnittsgefährte, mein Wenn-einer-dann-er-Typ, sondern Torsten war mein *bester* Freund. Mein Nur-zum-Reden-oder-mal-einen-saufen-gehen-Freund, was sollte das denn!?

»Was soll das denn?«, schnauzte ich ihn an. »Du bist ja gar nicht Olli!«

»Ich hab's gewusst«, sagte Olli mit Grabesstimme. Er stand plötzlich im Türrahmen. »Und jetzt tu bloß nicht so, als sei das nur ein Missverständnis.«

»Das ist jetzt echt nicht so, wie du denkst … «, fing ich an, aber dann war meine Stimme plötzlich weg und Torsten auch.

»Torsten!«, rief ich. »Torsten, jetzt lass mich hier nicht so alleine sitzen, Torsten! Sag was! Erklär Olli bitte, dass das gar nichts zu bedeuten hat mit uns!«

Olli schüttelte mich an der Schulter. Wie das, wo er doch eben noch drei Meter entfernt an der Tür stand?

Ich öffne die Augen. Wir liegen im Bett, und Olli schüttelt mich.

»Hallo? Hey, aufwachen, du hast geredet!«

»Was für eine Scheiße!«, murmele ich. »Träume sollte man verbieten.«

»Was läuft da mit Torsten?«, fragt Olli misstrauisch.

»Och, nee, komm, ich hab' nur blöd geträumt…«

»Du hast gestöhnt. Du hast ›Oh, Torsten, Torsten!‹ gestöhnt. Da wird man ja wohl mal nachfragen dürfen!«

Ich warte erst mal ab und sage nichts, um zu sehen, ob das vielleicht wieder nur ein neuer Traum ist.

»Ich hab's gewusst«, sagt Olli mit Grabesstimme.

Ha! Also so blöd bin ich nicht: Das ist ja der gleiche Traum wie gerade eben, nur ein bisschen anders. Ich lass' mich doch nicht von einem blöden Traum verarschen!

Ich versuche die einfachste Methode, dem Traum zu entkommen, und wedle mit den Armen, um wegzufliegen. Nichts passiert.

»Spinnst du?«, fragt Olli. »Was machst du da?«

»Ich fliege gleich weg, ätsch«, sage ich, aber ich bin nicht völlig überzeugt.

»Was ist denn jetzt mit Torsten? Was läuft da?«

Ich hole aus und haue Olli einen gekonnten Haken auf die Nase. Wider Erwarten geht das ganz einfach, nix mit wie unter Wasser oder Watte oder so. Ein verdammt realistischer Traum.

»Aua!!«

Ollis Nase spritzt in der Gegend herum.

»Das tut dir gar nicht weh, ich träume das ja nur«, versuche ich ihn zu beruhigen.

Ich sehe an mir herunter. Ich bin immer noch nackt. Allerdings lieg' ich ja auch im Bett, da ist das kein untrüglicher Beweis für einen Traum. Ich kneife mich, stehe auf, halte den Kopf unter Wasser und schlage ihn dann mehrfach gegen die Wand. Das tut echt weh, und ich blute. Ich scheine wohl tatsächlich wach zu sein.

»Das ist aber jetzt wirklich nicht so, wie du denkst«, sag' ich zu Olli, und wir bluten ein bisschen zusammen die Bettdecke voll. »Ich hatte einen Traum im Traum im Traum, und mit Torsten läuft gar nichts.«

»Ja, dann... ich wollte es dir schon lange sagen«, krächzt Olli, »ich... ich hab' mich in Torsten verliebt. Ich will mit ihm zusammenziehen. Es ist besser, wir trennen uns.«

»Wie bitte!?«

Ich springe auf, um Olli umzubringen. Olli springt auch auf und weicht blitzschnell zurück. Ich jage ihn durch die Wohnung, aber als ich ihn fast erwische, wedelt er mit den Armen und steigt in die Höhe, gerade so hoch, dass ich ihn nicht erwischen kann. Er fliegt durchs Fenster. Aus der Perspektive habe ich noch nie geträumt!

Ich freue mich, lege mich wieder ins Bett und schlafe ein, um wach zu werden.

»I AM THE GOD OF HELLFIRE... AND I BRING YOU... FIRE!«

Richtig, das war's, denke ich als Erstes. Fire! Dann denke ich: Welcher Arsch hat meinen Song geklaut!? Aber dann mache ich die Augen auf, sehe den Radiowecker, und mir fällt ein, dass Arthur Brown die Idee mit dem Fire schon lange vor mir hatte.

Ich liege angezogen auf dem Bett, ein gutes Zeichen. Mein Kopf tut weh, auch ein gutes Zeichen.

Aber dann sehe ich die leeren Sektflaschen und die halb leere Schnapsflasche. Der Fernseher läuft noch. *9 live*, kein Wunder, dass ich Alpträume hatte.

Doch *warum* hatte ich eigentlich so viel getrunken?

Auf der anderen Betthälfte finde ich einen Zettel: »Du hattest Recht. Bin doch schwul und zu Torsten gezogen. Sorry. Lieben Gruß, Olli.«

Stimmt, da war doch was.

Alles ist für etwas gut, hat meine Oma immer gesagt. Auch das stimmt. Ich kann meine Kleider jetzt alle wieder selbst anziehen. Ich habe jetzt mehr Freizeit. Ich könnte mich mehr um den netten Gitarristen kümmern, der neben dem Zettel auf der anderen Betthälfte liegt. Wir könnten eine Familie gründen, oder noch besser: eine Band. Ich glaube, ich weiß auch schon, welchen Song wir als Erstes covern werden.

It's hard to live in a world
of plastic

Der Tag, an dem ich Beate Niepel ins Gesicht pupste, war ein Donnerstag, und ich war sieben.

In einer Zeit wie der heutigen, in der alle über ihre Kindheit, sei sie noch so unspektakulär gewesen, schreiben, wird es auch für mich mehr als fällig, die Stimme zu erheben.

Ich bin kein Kind der Zone gewesen, meine Eltern waren keine Serienmörder oder Vollzeithippies, und doch hatte ich schon früh mein ganz eigenes Schicksal zu tragen: Ich war ein Tupperware-Kind. Meine Eltern, ihres Zeichens Tupperware-Bezirkshändler für den Bereich Paderborn und Detmold, machten ihren Beruf zum Hobby oder besser gesagt, Tupperware neben Wasser, Luft, Feuer und Erde zum fünften Element. Hätte Bruce Willis das mitgekriegt, hätte er statt eines popeligen Plastiksteins, der die Zeit verkörpern sollte, wohl eher die »Mamsell« gejagt, das ultimative

Allzweck-Küchenbrett von Tupperware, unzerstörbar und mit lebenslanger Garantie.

Bei uns wurde jedes noch so kleine Übrigbleibsel vom Mittagessen eingetuppert.

»Und dann bleibt alles lange frisch!«, sagte meine Mutter immer wieder begeistert, als ob sie auch uns zu Tupperware-Jüngern machen wollte, nicht ahnend, dass sie damit einem Trauma in die Kinderschuhe half. Wenn man unsere Küchenschränke aufmachte, blickte man auf die geometrisch vollkommene Ordnung eines sortierten Lagerraumes: passgenau neben- und übereinander gestapelte Tupperdosen, Perfektion in Plastik, wobei meine Mutter immer wieder betonte: »Nein, nicht Plastik, es ist Tupperware!«

Ich war sechs, als meine Oma im Krankenhaus starb, richtig »welk« sei sie am Ende gewesen, hörte ich eine Tante zu meiner Mutter sagen.

»Mit einem Bett aus Tupperware wäre das bestimmt nicht passiert«, dachte ich damals verwundert, »warum ist denn da keiner drauf gekommen?«

Doch auch damals hatte ich schnell eine Antwort: Natürlich wäre die Oma nur frisch geblieben, wenn man einen Deckel drauf gemacht und sie luftdicht verschlossen hätte, das A und O der richtigen Tupperware-Handhabung, und das wäre dann wohl vielleicht Omas Frische, aber dennoch nicht ihrer Gesundheit bekommen.

Meine Andersartigkeit als Tupperware-Kind bekam

ich schon im Kindergarten zu spüren. Während alle anderen Kinder schöne bunte Lederumhängetaschen mit Schnallen vorne dran um den Hals trugen, trug ich »das Heinerle«, Art.-Nr. 22091, Bereich Kinder und Freizeit auf der Bestellliste des Tupper-Kataloges: ein geschmackloses, viereckiges, orange-weißes Tupper-Kistchen mit Henkel. Sich der Hässlichkeit des Objektes wahrscheinlich bewusst, hat der Hersteller als Entschärfung auf dem Boden Verkehrsschilder einstanzen lassen, wohl für den »Lerneffekt nebenbei«, wobei ich mich nicht daran erinnern kann, dass auch die Bedeutung der Schilder dabeigestanden hätte. Vielleicht aber doch; ich habe mich nicht damit beschäftigt, sondern mein Bestes getan, das Heinerle zu verstecken und zu ignorieren. Es passte so gerade unter meinen Pulli, nur sah ich dann aus wie ein Karton mit Kopf und Beinen, und die Kindergärtnerin Fräulein Ackermeier verdächtigte mich zweimal, das beliebte Hütchenspiel klauen zu wollen, bis sie das Heinerle unter meinem Pulli hervorgezogen hatte.

Aber nicht nur das Design der Plastikkiste stigmatisierte mich, im Inneren sah es ja nicht besser aus: Nicht nur, dass meine Eltern tupperwarefanatisch waren, sie waren auch noch … vollkorngeil und Vegetarier. Was hätte ich für ein in schmieriges Pergamentpapier eingewickeltes Graubrot gegeben! Bei uns gab es säuberlich in kleine Tupperware-Döschen verpacktes Vollkornbrot und in noch kleinere Tupper-Döschen gesteckte Gurkenscheibchen und Radieschen. Oftmals tauschte ich beschämt Butterbrote im Kurs drei zu eins: drei kleine Vollkornhälften gegen eine Leberwursttoasthälfte, wobei meine Tauschpartner mir stets das Gefühl gaben, ein sehr gutes Geschäft gemacht zu haben.

Einmal mussten wir ein Bild malen zum Thema »Beruf der Eltern«. Ich malte also meine Eltern umgeben von Tupperware-Behältern, worauf mich Fräulein Ackermeier verwirrt fragte, ob meine Eltern Jongleure seien oder andere Artisten im Zirkus.

Niemand wusste, was ein Tupperware-Bezirkshändler war, und ich wusste nicht, wie ich es hätte besser malen, geschweige denn richtig erklären sollen. So dachte Fräulein Ackermeier, nachdem ich den Irrtum mit den Artisten schweren Herzens als falsch aufgeklärt hatte, ich wäre dumm und wüsste nicht, was meine Eltern von Beruf seien.

Dann war die Kindergartenzeit vorbei, ich bekam einen Scout-Ranzen (Tupperware hatte nichts Vergleichbares im Programm), aber die Butterbrote blieben gleich und auch gleich verpackt. Ich war also weiterhin auf Lebensmitteltausch angewiesen, bei gleichzeitigem Verstecken meiner Vorratsdosen, deretwegen ich mich immer noch schämte, und das zehrte an meinen Nerven. Als eines Tages in der Pause Beate Niepel sich auf meinen Platz setzte, meine Tupper-Dose aus dem Ranzen zog und sich anschickte, lauthals darüber zu lästern, stellte ich mich vor sie und zischte: »Geh sofort von meinem Platz weg, du alte Strullerkuh!«

Strullerkuh war gerade eines der angesagtesten Schimpfwörter.

»Nee, mach' ich nicht, Pech gehabt, selber Strullerkuh«, krähte Beate und wollte gerade der Klasse meine Tupper-Dose präsentieren, die meine Mutter mit kleinen Rehkitzaufklebern geschmückt hatte. Wie peinlich. Ich hatte mir gerade einen guten Namen in der Klasse gemacht und sah mit dieser uncoolen Brotverpackung meinen Ruf gefährdet, also zischte ich noch nachdrücklicher: »Wenn du nicht sofort von meinem Platz verschwindest, dann … dann pups ich dir ins Gesicht!«

Mehr konnte ich ihr wirklich nicht androhen. Aber Beate Niepel blieb sitzen, und ich war erzogen worden, stets zu meinem Wort zu stehen. Also … tat ich es.

Beate Niepel fing sofort lauthals an zu heulen und schluchzte: »Das sag ich Frau Kehrt und meiner Mama und allen anderen auch!«

Ich sah die Geheimhaltung meiner Tupper-Dose mehr als gefährdet. Mit einer so extrovertierten Reaktion hatte ich nicht gerechnet. Ich schwenkte um und bettelte: »Nein, Beate, sag's nicht, Entschuldigung, du kannst auch hier sitzen bleiben, ich schenk' dir meinen rosa Duftbleistift, aber sag's nicht!«

Beate Niepel ließ sich schon immer materiell bestechen. Sie willigte ein, ich atmete erleichtert auf. Dann beugte sie sich nach vorn, zog die Tupper-Dose aus meinem Ranzen und schrie: »Guckt mal, wie hässlich, die hat 'ne Tupper-Dose!«

Ich schwankte zwischen Im-Erdboden-versinken und Mord. Aber siehe da: Zwei Mitschüler zogen ebenfalls verschämt ihre Tupper-Dosen unter der Bank hervor, und mindestens zehn unter den zwanzig anderen Kindern zuckten mit den Schultern und sagten: »Na und?«

Also sagte auch ich: »Genau, na und?«, was sich sowieso immer als das Totschlagargument entpuppte. Immer wenn einem nichts mehr einfiel, sagte man: »Na und?«

Nach wie vor war ich nicht stolz auf meine Tupper-Dosen, aber ich konnte mich jetzt in der Öffentlichkeit halbwegs zu ihnen bekennen. Ich war eine Randgruppe, aber ich war nicht allein.

My home is my castle

Als eher mittelloser Student in der Großstadt ist es nicht einfach, einen Lebensstandard zu erreichen, der knapp über dem einer satten Kanalratte liegt. In Köln sind die Kanalratten ausgesprochen satt und leben entgegen ihrer Bezeichnung oft sowohl unter denselben Bedingungen als auch in denselben Wohnungen wie wir Studenten.

Meine Freundin Jule hat das Talent, stets von Wohnungen zu schwärmen, die sie dann tatsächlich bekommt und die sich dann als gefährliche Schimmelhöhlen entpuppen oder überall undicht sind. Mein Freund Rudi zieht gern in WGs, deren Bewohner sich als Großanbauer von allen erdenklichen verbotenen Substanzen oder als Möchtegern-Terroristen entpuppen.

Ich kann beides.

Meine erste Tat auf dem Weg in die absolute, anarchistische, radikale Selbstständigkeit bestand darin, aus meiner ersten Wohnung im ostwestfälischen Niemandsland, die ich mir mit meinem Bruder teilte, in die Anonymität der ersten Großstadt zu ziehen, die mir einfiel. Mir fiel Köln ein. Ich glaube, letzten Endes deshalb, weil ich in Köln mal in einem Hinterhof-Open-Air-Kino »Psycho I« gesehen hatte und ich diesen Kinoabend als einen der coolsten Abende meiner Jugendzeit idealisierte, weil mehr als fünfzig Leute auf einem Event versammelt waren, bei dem es sich nicht um ein Schützen-, Sport- oder Kartoffelbratfest handelte. So etwas kannte ich nicht.

Begeistert und motiviert zog ich also in das Erste, was sich mir bot: ein 12-qm-Kellerzimmer. Auf dem Kellerflur gab es noch drei andere Zimmer, die an Studenten vermietet waren: an zwei Sonderpädagoginnen und einen BWL-Studenten – Menschen, die die Zeit in ihren Zimmern wirklich zum Studieren nutzten und nicht wie ich glaubten, dass dieser Schuhkarton nur die Zwischenphase auf dem Weg zu einer echt coolen, WG-geeigneten Zwei-Zimmer-Wohnung mitten im Zentrum sei. Ich nutzte die Zeit in meinem Zimmer, um herauszufinden, wie viele Dinge man übereinanderstapeln kann und bei welcher Musik in welcher Lautstärke Sonderpädagoginnen nicht mehr studieren können. BWL-Micha konterte jedoch oft mit nicht enden wollenden Bassläufen, die er sich angeblich von einer Red-Hot-Chili-Peppers-CD herausgehört haben wollte. Es muss eine ziemlich unbekannte Platte der Band gewesen sein.

Zwischendurch blickte ich neidisch aus dem Kellerfenster hinauf zu unserem Vermieter Herrn Käsig, der jeden zweiten Tag seinen Mercedes polierte, von dem mir mindestens der Vordersitz gehörte; schließlich bezahlte ich pro Monat 400 DM an ihn.

Am Ende des Flures befand sich den Gerüchten nach noch eine kleine Zwei-Zimmer-Wohnung, die an einen alleinstehenden Endvierziger vermietet war, von dem ich lange Zeit glaubte, er sei ein Vampir. Den Gerüchen nach konnte das nicht sein, denn außer leichten Moder-Fahnen lagen auch unüberriechbare Knoblauchschwaden in der Luft vor seiner Wohnungstür. Sein Name war Letschewski, man munkelte, er arbeite als Nachtwächter in einem Versicherungsgebäude, man sah ihn nie bei Tage. Die zwei Male, die ich ihn in dem Jahr meiner Flurresidenz traf, war er extrem schlecht gelaunt. Freunde, die mich auf unserem Gemeinschaftsflurtelefon anriefen, hatten ihn teilweise öfters gesprochen als ich, aber auch da war er in der Aussprache der wenigen Worte eher konsonanten- als vokalstark gewesen. Niemand wusste Näheres von ihm, aber ich weiß heute, dass er mit Sicherheit kein Vampir gewesen ist, weil ich aus Büchern weiß, dass diese am Ende ihres Untotendaseins einfach zu Staub zerfallen.

Herr Letschewski nicht.

Es hatte schon einige Tage etwas penetranter modrig und nach fauligem Grillfleisch auf dem Flur gerochen. Mir fiel ein, dass ich an der Reihe war, den auf dem

Flur platzierten Gemeinschaftskühlschrank zu putzen. Laut Liste müsste Herr Letschewski letzte Woche dran gewesen sein, hatte dieses Amt aber nur unzureichend, wenn überhaupt ausgeführt. Der Kühlschrank stank, und eine Ameisenstraße mündete ins untere Fach. (Der Kühlschrank schloss nicht mehr richtig.) Ich fand, jetzt war es an der Zeit, Herrn Letschewski persönlich an der Putzaktion zu beteiligen. Ich fasste mir ein Herz und klopfte an seine Wohnungstür. Anstelle einer Antwort bemerkte ich, dass eine Abzweigung der Ameisenstraße direkt in Herrn Letschewskis Wohnung führte, von oben gesehen sah es aus wie ein Autobahnzubringer. Einige Ameisen transportierten zwei dickliche weiße Maden aus Herrn Letschewskis Wohnung heraus.

Ich entschied, ich sei vielleicht doch nicht die Richtige, um Herrn Letschewski in die Geheimnisse der Haushaltshygiene einzuweihen. Entgegen meiner Gewohnheiten unterrichtete ich Vermieter Käsig über den Insektenzirkus, dem mein Nachbar scheint's nicht wirklich Herr zu werden vermochte.

Käsig bekam große Augen. Nachdem Letschewski auch auf sein Klopfen nicht reagierte, öffnete er mit dem Zweitschlüssel die Tür.

Letschewski war deshalb schon seit Längerem nicht mehr in der Lage gewesen, den Kühlschrank zu putzen, weil er tot und gar nicht zu Staub zerfallen auf seinem Sofa saß. Später erfuhr ich, ein schlichter Herzschlag habe ihn dahingerafft. Mir wurde übel, aber betroffen war ich auch. Ein wenig zumindest. Das Angebot von Herrn Käsig, die Wohnung übernehmen zu können, lehnte ich jedoch, zugegebenermaßen nicht nur wegen des Gedenkens an Herrn Letschewski, dankend ab.

Drei Monate später zog ich zusammen mit meiner Freundin Mel und ihrem bulimischen Hund Sam in eine echt coole, WG-geeignete Zwei-Zimmer-Wohnung mitten im Zentrum. Wir zogen ins Dachgeschoss eines Hauses, in dessen Erdgeschoss gerade ein Puff geschlossen worden war. Das SM-Studio im Keller entdeckten die Herren von der Sitte erst zwei Wochen später, sodass man, wenn man am späten Abend den Renovierungsmüll in den Hinterhof brachte, noch vierzehn Tage lang den lustvollen »Hau mich doch noch ein bisschen fester auf den Arsch, Schätzchen, ja?«-Rufen lauschen konnte.

Das war also das Großstadtleben, von dem man mir im Dorf immer erzählt hatte, aber ich war dennoch froh, dass Keller und Dachgeschoss drei Stockwerke auseinanderlagen.

Nach fünfzehn Tagen klingelte die Sitte bei uns und wollte unsere Gewerbescheine für die Arbeit im Kellerstudio sehen.

»Sie glauben doch nicht im Ernst, dass wir Dominas sind? Gucken Sie uns doch mal an!«, fauchte Mel empört. »Wir … wir … wir studieren!«

Das schien den Kommissar zu überzeugen.

Auch sonst war das Haus eine Herberge eher ungewöhnlicher Art. Im ersten Stock lebten, ebenfalls in einer WG, Klaus, der Trinker (im ganzen Viertel als der »blaue Klaus« bekannt), Jacky, die XXL-Transe, mit einer Vorliebe für rosa Kleider, in denen er aussah wie überdimensionale Zuckerwatte, und Harry, der Zocker, mit seinem Boxermischling Bruno. Jacky und Klaus überboten sich in geschmetterten Arien. Jacky bevorzugte die Musik von *Modern Talking*, Klaus eher Schlager. Aber beide hatten die Gabe, damit nicht vor drei Uhr nachts zu beginnen. Zwei Stockwerke sind deutlich weniger lärmdämmend als drei.

Die Anzahl der Bewohner im zweiten Stock schwankte zwischen zwei und siebzehn. Hauptmieter waren Frank und Guido, der eine Kokser, der andere sein Dealer. Guido hatte den Ehrgeiz, die größte Dope- und Koksadresse im Viertel zu werden, was regelmäßige Auseinandersetzungen mit der Libanesengang zur Folge hatte, die bereits die größte Dope- und Koksadresse im Viertel war und es auch bleiben wollte. Als Nebenverdienst ließen Guido und Frank eine stets variierende Anzahl illegaler Schwarzer bei sich wohnen.

Im dritten Stock, und somit direkt unter uns, wohnte die Ex-Freundin des Vermieters. Anfangs dachten wir, sie hätte das SM-Studio aus dem Keller übernommen und in den dritten Stock verlegt. Als ich sie mal im Treppenhaus traf und interessiert fragte, ob das Geschäft gut laufe, entgegnete sie ehrlich entsetzt: »Aber nein, ich peitsche meine beiden Liebhaber nur zu unserem Privatvergnügen aus. Mit so was Geld zu verdienen ist doch pervers!«

Alle im Haus gingen bei uns ein und aus, außer Jacky. Er passte nicht durch unsere Badezimmertür und zog es aufgrund seiner Blasenschwäche vor, uns bei sich zu empfangen. Man plauderte über anstehende Geschlechtsumwandlungen, Knasterfahrungen und Schwierigkeiten in der Drogenszene, wie andere Leute über Buntwäsche reden. Nach wenigen Tagen bekam ich sogar den Mund vor Staunen zu und zum Reden wieder auf. Das war tausend Mal informativer als meine ganzen bisherigen Studienerfahrungen zusammen! Jacky und Klaus stellten mir meinen ersten Praktikumsbescheid aus, sodass ich zwei Wochen, anstatt unbezahlt in irgendeiner Therapieklinik herumzuhängen, am Stück in der Baguetterie arbeiten und mir anschließend einen Urlaub in Bielefeld leisten konnte.

Wegen eines psychopathischen Bassisten mit vehementen Aggressionen verließ ich die WG und zog zu ihm. Bald jedoch ließ er auch das Bassspielen sein und beschränkte sich auf Psychosen und Aggressionen, die meist mich zum Ziel hatten, sodass ich ihn mit Hilfe einer befreundeten Motorradgang aus seiner Wohnung warf. Die nächsten zwei Wochen feierten die Jungs in den imposanten Lederjacken eine einzige Party in dem Ex-Wohnzimmer meines Ex-Freundes, weshalb ich mich wieder auf die Suche nach einer eigenen Unterkunft begab und einen Zwischenstopp zur Untermiete in dem Appartement eines Freundes einlegte, der gerade für ein halbes Jahr nach Australien gereist war.

Der Vermieter hieß Hassan, sah auch so aus, schlug ab und zu seine Frau und verehrte seinen Dobermann. Glücklicherweise schlug Hassans Frau zwischendurch zurück, sodass meist eine Art Gleichstand herrschte und beide mit derselben Anzahl blauer Flecken im Gesicht rumliefen. Ich als »deutsches Mädschen« bestand nur vor Hassans Augen, weil ich zwei türkische Kinderreime konnte und seinen Sohn, den er fast noch mehr verehrte als seinen Dobermann, damit zum Lachen brachte. Alle vierzehn Tage backte Hassans Frau großartige Honigkekse und schenkte mir jedes Mal eine kleine Blechdose voll. Und auch, als mich mal nachts kurz vor der Haustür zwei obskure Gestalten blöde anmachten und Hassan gerade mit seinem Dobermann um die Ecke bog, die Gestalten skeptisch musterte und diese sich daraufhin unschuldig pfeifend davonmachten, war ich für seine Bekanntschaft sehr dankbar.

Jetzt wohne ich wirklich alleine und habe drei Fernsehprogramme. Eigentlich vier, wenn das Wetter gut ist. Grob gerechnet sogar fünf, wenn das Wetter gut ist und gerade kein Zug vorbeifährt. Manchmal mache ich mir Gedanken über die asymmetrische Anordnung meiner Badezimmerfliesen, wahrscheinlich, weil ich keine anderen Bekloppten mehr in meiner direkten Nähe habe. Die Ratten in dieser Straße sind eher

dünn und hauen ab, wenn man zu dicht an sie heran-
kommt, was an der hohen Hundedichte liegt, denn
eine Straße weiter ist eine alte Abrisshalle von Punks
besetzt. Wir treffen uns oft in meiner Stammkneipe, einer abgerockten Kaschemme mit dem Namen »Out of
bounds«, plaudern dort über Haarfarben und Arbeits-
plätze und kommen uns manchmal richtig solide vor.

Stockententag

Es war wieder so ein Tag, an dem ich morgens schon befürchtete, dass ich seit meinem letzten Leben in der physischen und psychischen Weiterentwicklung nicht unbedingt große Fortschritte gemacht hatte. Bei näherer Betrachtung dieser These war ich mir nach kurzer Zeit sicher, dass ich in meinem letzten Leben nicht nennenswert über das Charisma einer Stockente hinausgekommen bin.

Woran ich das festmachte?

Stockenten können nichts richtig: weder tauchen, noch schwimmen oder fliegen. Sie mogeln sich halt überall so durch und sehen bei allem, was sie tun, ziemlich dämlich aus. Das kam mir irgendwie bekannt vor.

Wäre ja nicht weiter schlimm, aber ich hatte doch am Abend diese Verabredung, das Highlight der Woche, auf das ich mich schon seit Tagen mit ausgeklügelten kosmetischen Tricks vorbereitete. Der mit mir Verabredete schien auf den ersten Blick weder massive

Drogenprobleme zu haben, noch schien er sich für eine berühmte Persönlichkeit zu halten, noch in einer Band zu spielen. Kurz, ich konnte mein Glück kaum fassen. Doch dann war wieder Stockententag, an dem die Paranoia so dicht hinter mir klebte, dass mir schon die Hacken wehtaten.

Von den standardmäßigen kleinen Missgeschicken, die im Laufe des Tages passierten, abgesehen, war ich abends zumindest körperlich so gut wie unversehrt. Ich machte mich also auf den Weg.

Gerade wollte sich sogar richtig gute Laune einschleichen, aber ich hatte die Rechnung ohne meine kleinen Neurosen gemacht. Ich neige nämlich dazu, Situationen zwanghaft miteinander zu vergleichen. Habe ich irgendetwas sehr Schönes erlebt und möchte das gleiche nette Gefühl unter ähnlichen Umständen wiedererleben, müssen die aktuellen Gegebenheiten den optimalen des letzten Ereignisses angeglichen werden. Im Klartext heißt das: Wenn ich meine Glücksbringerhose und meinen Talisman nicht finde oder wenn das Klo, auf dem ich in dieser Kneipe das letzte Mal war, gerade besetzt ist, stehe ich am Rande des Nervenzusammenbruchs und denke, der Abend ist gelaufen. Dass ich auch schon gute Tage in anderen Hosen und auf anderen Klos, ja sogar ganz ohne Hosen und Klos erlebt habe, tritt in so einer akuten Aberglaubensattacke in den Hintergrund.

Bis dahin ließ sich der Abend aber ganz gut an, ich

hatte meiner Verabredung noch nichts über das Hemd geschüttet und kam mir unglaublich brillant und geistreich vor. Irgendwann kam auch er zu Wort, aber nur kurz, und zwar in dem Moment, als ich nach dem dritten Cocktail das Glas mit etwas anderem verwechselte. Er sagte: »Das war der Aschenbecher, Schätzchen, kotz mir bloß nicht auf die Hose«, und ich rannte aufs Klo. Es war mir sogar egal, auf welches. Als es mir wieder so gut ging, dass ich denken konnte, versuchte ich mich von meiner misslichen Lage abzulenken, indem ich mir die größten Peinlichkeiten vorstellte, die mit Toiletten zu tun haben.

Eine der schlimmsten allgemeinen Frauenphantasien ist nach wie vor: nicht zu merken, dass der Rock sich hinten heimtückisch im Unterhosenbündchen verwickelt hat und, während man majestätisch durch das vollbesetzte Lokal schreitet, den Blick auf den hässlichsten Frottee-Slip der Nation freigibt, den man natürlich nur trägt, weil alles andere in der Wäsche ist und man heute sowieso alleine nach Hause gehen will. Was wohl spätestens ab da dann auch so sein wird.

Meine schlimmste Toilettenphantasie: Die Klofrau streckt mir fordernd die geblümte Untertasse entgegen, und ich habe kein Geld dabei. Sie ist hundert Kilo schwerer als ich, aber ich kann sie trotzdem davon überzeugen, dass ich eh in zwanzig Minuten wieder aufs Klo muss und dann garantiert fünfzig Cent dabeihaben werde. Sie nickt und lässt mich noch ein einziges Mal so davonkommen. Ich komme natürlich nicht mehr aufs Klo, aber die Klofrau hat ein fotografisches Gedächtnis und gibt meine Personenbeschreibung an sämtliche Klofrauen aller öffentlichen Toiletten der Stadt weiter. Überall hängen sehr gut getroffene Phantombilder von mir, und ich kann auf kein Klo mehr, ohne dass die jeweilige Klofrau alle ihre Kolleginnen zusammentrommelt und lauthals brüllt: »Wilma, Hulda, guckt mal, das ist die, die nie bezahlt!«, und dann muss ich immer im Voraus bezahlen, genau passend, egal, wie dringend ich pinkeln muss, und alle kriegen es mit.

Diese Vorstellung war so echt, dass ich zitternd aus meiner Toilettenkabine kroch und andere Frauen um fünfzig Cent anschnorrte, bis ich mich wieder in den Laden traute. Meiner Verabredung war es wohl zu langweilig geworden, sie unterhielt sich mit einem Mann in Frauenkleidern. Das Gefühl, eine Stockente zu sein, war wieder mehr als präsent.

Nicht dass jemand denkt, ich hätte etwas gegen Wasservögel, aber wenn ich meine Person mit ihnen identifizieren muss, zöge ich es doch vor, ein Schwan zu sein.

Baguetterie

»Eeeeh, hasse noch'n Bier, Alter?«

»Ey, isch bin schon total discht, Alter, ey, isch kann gleisch nisch mehr, ey!«

Freitagabend. Spätschicht in der Baguetterie, in der ich arbeite, und es ist jeden Freitagabend aufs Neue dasselbe. Die Möchtegern-hart-sein-Teenager-Dark-Metal-Clique, die sich wie immer vor dem Kiosk nebenan versammelt hat, geht in die Endrunde des wöchentlichen Open-Air-Koma-Saufens. Diejenigen, die nicht auf die Straße kotzen oder einschlafen, werden noch eine Hungerattacke kriegen und ich dann hoffentlich meinen Bonus bekommen.

Menschen, die sich öfters oder längere Zeit in dieser Straße aufhalten, haben entweder gar kein Konto oder sehr reichhaltige Geldquellen, über die man aber nichts Näheres erfahren möchte. Es sei nur so viel gesagt: Einige dieser Geldquellen tragen auch im Winter sehr, sehr kurze Röcke.

Meine erste selbstständige Spätschicht in der kleinen, ungefähr acht Quadratmeter umfassenden Baguetterie begann mit den Worten: »Beleg das ma, Puppe!« und gemeint war wohl ich bzw. das Fladenbrot, das mir ein Mann auf die Theke knallte, der nicht nur entfernte Ähnlichkeit mit einem gegelten, kaugummikauenden Frettchen aufwies.

Solche Besuche sind nicht die Regel, aber auch nicht selten. Grundsätzlich jedoch liebe ich es, wenn sich Rituale entwickeln.

Zum Beispiel die Dienstagsmorgen-Stammkunden. Herbert, der immer in eine Wolke exquisiten Männerparfums gehüllt in den Laden schwebt und besorgt fragt, ob er nicht vielleicht zuviel aufgetragen hätte, denn Herbert ist nasenblind und auf mein Urteil angewiesen. Wegen seiner Nasenblindheit nimmt Herbert auch stets die Cocktailsoße auf sein Salami-Baguette, weil die so schön orange ist und hübsch aussieht, schmecken tut er nichts. Ganz im Gegensatz zu dem Mittvierziger, der alle zwei Wochen vorbeikommt, um sein Bananen-Käse-Ananas-Baguette mit Senfsoße zu essen. Er braucht dafür dreißig Minuten, starrt mich dabei schweigend an, kramt zwischendurch hektisch in seinem schwarzen Aktenkoffer, kritzelt Servietten mit obskuren Zeichnungen voll und fragt mich, kurz bevor er geht, jedes Mal, ob ich ihn heiraten will. Dass ich jedes Mal »Nö« sage, scheint ihn nicht wirklich zu stören. Ich vermute, in seinem Aktenkoffer befinden sich neben den vollgekritzelten Servietten Pin-up-Hoch-glanzmagazine mit Baguetteverkäuferinnen aus aller Welt.

Regelmäßig kommen auch andere gestörte Existenzen vorbei, vor Hunger ist schließlich niemand gefeit, seien es Junkies, Dealer oder Studenten. Manchmal kommen auch diese Art von Menschen herein, die, während sie auf die Theke zusteuern, verschwörerisch nach links und rechts blicken und dann, wenn sie dich ansprechen, stur auf dein linkes Ohrläppchen starren und Dinge murmeln wie: »Königspudel sind gar nicht so schlimm, wie man denken mag!« Mittlerweile habe ich jedoch gelernt, mit solchen Aussagen umzugehen. Ich kontere dann oft mit Fragen wie »Mag sein, aber wie sieht es in der malaysischen Braunkohlewirtschaft aus?« Das bringt sie dazu, wieder zu gehen und draußen über die neue Problematik zu grübeln.

Während ich also in der letzten Stunde meiner Freitagabendschicht langsam die Hoffnung aufgebe, dass einer von den Jungs vor der Tür sein Geld in sinnvollere Nahrungsmittel als Kölsch investiert, steht plötzlich Kalle vor der Tür.

Kalle ist Punkrocker und heute nicht nur sehr, sondern enorm betrunken. Kalle kennt mich, aber nicht heute, denn heute kennt Kalle augenscheinlich gar nichts mehr. Im zweiten Versuch schafft er es, die Tür aufzureißen und brüllt: »PUNKROCK!«, kippt nach hinten, und sein Schäferhundmischling Lenin bellt begeistert. Die Tür zersplittert, Kalle rappelt sich auf und torkelt mit Lenin einer anderen Dimension entgegen. Bis ich hinter meiner Theke hervorgekrabbelt bin, sind die beiden schon längst zwei Straßen weiter.

Die Dark-Metal-Teenies sind von Kalle schwer beeindruckt und wissen, dass sie da nicht mithalten können.

Sie kaufen sich zu fünft noch eine Dose Jim-Beam-Cola und gehen beschämt murmelnd nach Hause.

In meiner nächsten Vormittagsschicht steht ein zerknirschter Kalle mit einem zerknirschten Lenin vor der Tür.

»'tschuldigung Dagmar, aber hier hab' ich doch die Tür kaputtgemacht, nä?«, fragt Kalle kleinlaut.

»Ja«, sag' ich, »und abgehauen biste!«

Kalle zieht den Kopf noch ein bisschen mehr zwischen die Schultern.

»Ja, tut mir leid, ich hatte einen totalen Scheißtag, Job verloren, Plattensammlung versetzt und so. Den Flipper in der Kneipe an der Ecke wollte ich auch echt nicht demolieren, aber ich hatte wohl beim Tanzen zuviel Schwung… Ich würd' die Tür echt gerne abzahlen, kann ich aber nicht.«

Beide, Hund und Kalle, senken den Kopf.

»Der Laden ist versichert, die Tür ist schon bezahlt«, beruhige ich ihn, »aber wenn du mir noch einmal so scheiße kommst, Kalle, dann red' ich mal mit deinem Tätowierer, und wenn du dir dann mal wieder den Rücken voll malen lassen willst, würd' ich an deiner Stelle echt vorsichtig sein!«

Kalle strahlt und gibt mir einen der kleinen Jägermeister, die er irgendwo geklaut hat.

»Trotzdem danke!«

»Kein Problem, ich bezahl' die Versicherung ja nicht«, erwidere ich grinsend.

Wir kichern kurz und stoßen an. Dann steht Kalle auf, setzt ein pflichtbewusstes Gesicht auf und sagt: »So, jetzt geh' ich nüchtern werden, ab nächste Woche werde ich nämlich Rettungssanitäter!«

Während ich noch über die Bedeutung dieser Aussage nachdenke, entschwinden Kalle und Lenin aus meinem Blickfeld.

Der Generationenkonflikt

Wenn unterschiedliche Kulturen aufeinander-
prallen, ist es manchmal schwierig, ein angemessenes
Kommunikationsverhalten an den Tag zu legen, zum
Beispiel wenn man als Vegetarier auf einen Metzger-
kongress oder nüchtern auf ein Dorfschützenfest geht.
Oder wenn man von Ostwestfalen ins Rheinland zieht.
Das ist eben ungewohnt. Erst dachte ich, es seien nur
die Nebensätze, an die ich mich in Köln gewöhnen
muss, aber jetzt weiß ich es besser: Es sind die über-
fallartigen, verbalen, intimen biographischen Spot-
lights, denen man dort jederzeit völlig ungeschützt aus-
gesetzt ist.

Ein Beispiel: Neulich stieß ich mit meinem Rad drei
andere parkende Fahrräder um. Aus Versehen, aber ge-
räuschvoll. Der Versuch, sie wieder hinzustellen, ohne
mein eigenes Rad dabei loszulassen, wurde geduldig
von einem kleinen, älteren Männchen mit Schirmmütze beobachtet. Er sah ein bisschen aus wie eine

dünne Ausgabe von Hercule Poirot oder wie einer der rüstigen Fußball spielenden Opis aus der Olivenölwerbung.

Als er sieht, dass ich ihn bemerkt habe, blökt er sofort in tiefstem Rheinisch los: »Wie so mansche Leute ihre Fahrräder hinstellen, dat is ja quasi rücksischtslos!«

Ich – ein bisschen beleidigt: »Das war aber nicht meine Schuld!«

»Nee, das hab ich ja auch nicht gemeint«, erwidert er schnell und kommt näher. »Isch meine ja all die anderen Menschen, darum fahr isch ja auch gar kein Fahrrad mehr, isch jeh lieber zo Fuß!«

Er sieht mich freundlich, aber herausfordernd an.

»Na dann…«, nicke ich, lächle freundlich zurück und halte das Gespräch für beendet.

Ein Fehler. Der kleine Mann ist offensichtlich anderer Ansicht. Ich will gerade losfahren, als er nachdrücklich sagt:

»Jaha, isch jeh zo Fuß, obwohl isch auch mit der Bahn fahren könnte, sogar für umsonst, weil isch war ja mal bei der Bahn beschäftigt gewesen, aber isch jehe lieber zo Fuß! Und das, obwohl isch schon vierundsiebzig bin!«

»Schön!«

Erneut will ich losfahren. Keine Chance.

»Et sei denn, isch besuche meine beiden Söhne, weil wegen… die wohnen zu weit weg, da kann isch nicht zo Fuß hinjehen. Der eine wohnt in Freiburg, der andere im Osten. Bei Gera. Dat ist ja nicht jerade nebenan!«

Ah, ein Stichwort.

»Ja, das ist wirklich nicht gerade nebenan!«, stimme ich lächelnd zu. »Ich wohne auch nicht gerade nebenan, deswegen muss ich jetzt auch mal los!«

Jetzt ist es raus. Ich sehe, wie er überlegt und sich Poirot-like konzentriert. Er will mich nicht so einfach ziehen lassen. Dann holt er überlegen zum Finalschlag aus: »Meine Frau ist ja vor sieben Jahren gestorben!«

Okay, gewonnen. Ich steige vom Rad. Er nickt zufrieden, das klappt wohl immer. Er geht los, und ich schiebe mein Rad neben ihm her.

»Aber isch komm gut zorecht, und isch müsste gar nicht allein bleiben, wenn isch nischt wollte. Die alte Frau Paulsen von schräsch jejenüber, die hat ja schon massives Interesse anjemeldet, die macht auch hervorragenden Pflaumenkuchen, aber die redet ja auch den janzen Tag, und isch bin ja janz jerne allein!«

Na, das merk ich. Ein guter Moment, um den Abschied zu schaffen.

»Ja, ich muss dann mal …«

»Und mein einer Sohn will auch immer, dat isch zu ihm ziehe!«

»Ja, ich verstehe. Also ich finde ja …«

»Aber der hängt mir dann immer auffe Pelle, dat will isch auch nicht!«, winkt er ab.

Jetzt reicht's mir. Ich zische: »Ist doch schön, wenn

der immer da ist, dann können Sie sich immer mit wem unterhalten, wann immer Sie wollen!«

Er sieht mich völlig verständnislos an und entgegnet: »Aber dat kann isch doch hier auch!«

Die Tatsache ist nicht von der Hand zu weisen. Ich empfinde plötzlich eine Art Hochachtung vor des Kölner Olivenöl-Opas Scharfsinn. Spontan finde ich ihn super und will ihm das gerade sagen, da winkt er jemandem auf der gegenüberliegenden Straßenseite hektisch zu und meint knapp: »So, isch muss jetzt aber mal wirklich weiter, tschö denn!«

Er dreht mir den Rücken zu und ist schneller weg, als ich »Hä?!« sagen kann, das macht wohl das viele Zufußgehen.

Sein radikaler Abschied gibt mir das Gefühl, dass ich ihn die ganze Zeit vollgequatscht hätte, und das finde ich irgendwie unverschämt. So ja nun nicht. Ich beschließe, in Zukunft anders mit solchen Kommunikationsversuchen umzugehen. Anders, aber charmant.

Zwei Tage später spricht mich ein Herr Mitte sechzig im Supermarkt an und bittet mich, ihm die Inhaltsstoffe auf der Diabetikerschokoladenpackung vorzulesen. Nun, ich bin ja nicht blöd, mir ist sofort klar, dass das wieder ein Versuch ist, mich in ein Gespräch zu verwickeln. Ich habe nichts dagegen, aber ich versuche das Ganze ein wenig abzukürzen, also frage ich direkt: »Und, wann ist Ihre Frau gestorben?«

Woraufhin er mich zuerst erstaunt, dann aber empört anblickt und schnauzt: »Das ist ja wohl ne Unverschämtheit, meine Frau ist nicht tot, die is inne Wurstabteilung!« Er dreht sich um und murmelt: »Also, die jungen Dinger von heute. Vor nichts Respekt!«

Ich bin ratlos. Wie man es macht, ist es verkehrt.

Auf dem Weg zum Jahrhundertwerk oder Hausputz leicht gemacht

Ich will endlich eine richtige Profischriftstellerin werden. Oft frage ich mich mittags vor und auch nach dem Aufstehen: Wie kann ich bloß Bestseller schreiben? Und davon möglichst viele? Und anschließend damit auch noch Geld verdienen?

Ich wälze diese Fragen in meinem Kopf hin und her, von einer Seite auf die andere. Ich denke beim Schlafen, beim Staubsaugen, beim Spülen daran – und ich spüle viel. Ich spüle deshalb viel, weil ich nicht weiß, was ich schreiben soll. Selten ist meine Wohnung sauberer gewesen als jetzt.

Wenn ich die saubere Wohnung nicht mehr sehen kann, gehe ich in meine Stammkneipe und erzähle anderen von meinen Problemen. Das bringt allerdings keinen der Anwesenden richtig weiter, was ich nach einigen Monaten auch sofort verstanden habe.

Ich beschließe, mir anderweitig Hilfe zu holen.

In einigen kompetenten Fachbüchern zum Thema Schreiben lese ich den güldenen Rat: »Wenn Sie schreiben wollen, müssen Sie vor allem eines tun: schreiben!«

Begeistert von dieser simplen Idee stürze ich an meinen Schreibtisch und setze mich an den Computer. Es ist eng an meinem Schreibtisch, weil da jetzt so viele Fachbücher liegen. Ich räume sie an die Seite. Nun stapeln sie sich vor dem Bücherregal, in dem mein Duden, mein Fremdwörterlexikon und der Ratgeber »Verse schmieden leichtgemacht« stehen. Das ist blöd, an die komme ich jetzt ja gar nicht mehr heran, dabei brauche ich die doch jetzt bestimmt, wo ich mich doch gerade hinsetzen und powerschreiben will, so richtig nonstop, ein Wort nach dem anderen, bis irgendwann ein Jahrhundertwerk dabei entsteht. Doch in einem Jahrhundertwerk müssen wenigstens ein paar Fremdwörter vorkommen, der Genitiv will richtig benutzt sein, und der ein oder andere Reim wäre auch sehr hübsch. Das geht jetzt aber nicht, denn meine dafür notwendige Fachliteratur liegt eingemauert hinter anderer Fachliteratur.

Ich überlege also, wo ich die Bücher noch platzieren könnte – sodass sie in Reichweite bleiben, falls ich beim Schreiben noch einmal Motivation brauche, mich aber nicht vom tatsächlichen Schreiben abhalten können. Weil ich jetzt ja kurz davor bin, richtig anzufangen. Ich räume also die Fachbücher zum Thema Schreiben auf die andere Seite des Arbeitszimmers. Dafür muss aber die Kommode mit meiner Unterwäsche in ein anderes Zimmer, denn sonst komme ich ja an die Unterwäsche auch nicht mehr ran und was, bitteschön, ist peinlicher, als wenn man gerade einen Jahrhundertroman vollendet hat, die Presse in Scharen das Arbeitszimmer des Künstlers frequentiert, und ich sitze da seit zwei Wochen in derselben Unterbuchse da, nur weil ich meine Fachbücher vor der Schublade mit der Unterwäsche drin gestapelt habe und deshalb an dieselbe nicht mehr drangekommen bin, weil man während des Schreibprozesses seine Zeit nicht mit so nebensächlichen Dingen wie Umräumaktionen vergeuden kann!?

Ist aber nicht schlimm, das mit der Kommode, die sieht im anderen Zimmer eh viel besser aus. Genauso wie die beiden Kerzenleuchter, die ich zu Dekorationszwecken stets neben der Kommode postiere, die kommen also auch ins andere Zimmer. Jetzt wird's da aber auch ein bisschen enger. Ich sollte auch wirklich mal wieder ausmisten. So richtig, mal mit Sperrmüllbestellen. Aber ich wollte jetzt ja eigentlich schreiben... Na, egal, so eine Aufräumaktion ist Stressabbau pur, hab' ich in einer anderen Fachzeitschrift gelesen. Und ich könnte hier wirklich mehr Platz gebrauchen, damit mein Geist Raum genug hat und die Muse für meinen Jahrhundertroman sich unbeschwert herumräkeln kann.

Jetzt wird's auch schon wieder fast dunkel. Es ist zwar leerer in meiner Wohnung, aber jetzt sieht man den Dreck auch so richtig, der sich unter den ganzen zum Sperrmüll verdammten Gerätschaften verborgen gehalten hat. Ich sauge also Staub und freue mich schon sehr, weil ich jetzt ganz kurz davorstehe, endlich ungestört schreiben zu können.

Draußen ist es jetzt schon ziemlich dunkel, und ich werde müde. Aber egal, die wahren Schriftsteller sind ja auch so Arbeitstiere, die die Nächte hindurch schreiben und erst in der Dunkelheit zu den großen Erleuchtungen kommen. Ich mache mir einen Kaffee. Während ich den trinke, setze ich mich kurz vor den Fernseher, um die Nachrichten zu schauen. Als Literatin von Welt ist es schließlich gut zu wissen, was in derselben vor sich geht. Interessanterweise kommt im Anschluss eine Dokumentation über Hemingway, wie praktisch, das ist ein Zeichen, das guck' ich mir noch an, da kann ich bestimmt noch einiges lernen. Und das kann ich dann direkt einsetzen, wenn ich mich gleich an den Schreibtisch setze. Mensch, und dann kommt doch tatsächlich noch »Der alte Mann und das Meer«, den guck' ich auch noch, da kann man dann direkt sehen, wie das Gedankengut Hemingways filmisch umgesetzt wurde, das kann auch nicht schaden. Um mich besser in die Gedankenwelt Hemingways einzufinden, schenke ich mir einen Whisky ein, ich bin ja jetzt sehr wach von der Kanne Kaffee, die ich getrunken habe, da wirft mich ein Whisky nicht so leicht aus der Bahn. Andererseits – hat Hemingway sich wirklich mit einem Whisky zufriedengegeben? Oder Bukowski? Geht es nicht darum, Grenzerfahrungen zu machen, um wirklich bei den ganz Großen mitreden zu können? Haben Dostojewski, Trakl, Hesse oder Mann eigentlich Schreibratgeber gelesen?

Ich beschließe, diese Frage in die Thekenrunde meiner Stammkneipe zu werfen und auf Antworten zu hoffen. Das bringt mich bestimmt weiter. Ich nehme meine Jacke und gehe aus der Haustür. Und morgen, morgen fange ich dann sofort an mit dem Schreiben. Wobei ich wohl erst noch das Geschirr von heute Abend spülen werden muss.

Those were the days

Ich bin in einem Alter, in dem ich zu meinen T-Shirts stehen muss. Dieser Gedanke durchzuckt mich, als ich das pittoreske Restaurant am Strand von Korfu betrete. Die schon anwesenden Bermudahosenträger und I-love-Greece-T-Shirts-tragenden Gäste tuscheln vereinzelt oder werfen mir missbilligende Blicke zu. Obwohl ich nach meinen Maßstäben nicht wirklich auffällig wirke, scheint sich meine Garderobe doch deutlich von der uniformen Reisekleidung des Pauschaltouristen abzuheben, und ich freue mich darüber.

Meine Standard-Bekleidung besteht wie immer, so auch heute, aus abgewetzten Chucks, abgeschnittenen Jeans und einem total coolen Band-T-Shirt, mittels eines spontanen Griffs in die Reisetasche wahllos zusammengestellt, hingeguckt habe ich nicht, meine Shirts kann ich mit allen Hosen kombinieren, und ich hab' nur ein Paar Schuhe mit.

So suche ich mir, erhaben über die Meinung anderer, einen Platz mit Blick aufs Meer, als eine Person in mein Blickfeld, um nicht zu sagen, direkt in meine Aussicht tritt. Es ist ein Mann, das heißt eher ein Männchen.

Es trägt nicht erst die frühen Fältchen des Alters im gebräunten Gesicht, doch hält es sich gerade und präsentiert mir stolz die einfache, doch ausgesucht schmackhaft klingende Speisekarte seiner Küche. Arglos und freundlich strahlt es mich an, das Männlein, mustert mich nicht genauer als jeden anderen auch und sagt freundlich: »Hello, Misses! Hope you like it here. It's my restaurant.«

Vielleicht ist das seine Standard-Begrüßung, aber ich habe irgendwie das Gefühl, er erzählt es nur mir. Aus seinem Gesicht spricht Wärme und Weisheit.

»I've been here all my life. I was born here, I work here, I will die here and I like it. I never left Korfu. Nice Shirt you wear. What is the meaning of *Fucking Antisocial Asshole*?«

Und plötzlich komme ich mir in meinem türkisfarbenen T-Shirt mit eben jener Aufschrift, unter der ein Totenschädel mit durchkreuzten Augenhöhlen prangt, und das noch nicht so abgeranzt aussieht, als dass ich es als alte Jugendsünde abtun könnte, irgendwie missverständlich vor, obwohl es akut nicht miss-, sondern gar nicht verstanden wird. Ich will ja weder mich noch ihn als asoziales Arschloch bezeichnen, und ehrlich gesagt kenne ich auch die anderen Gäste zuwenig, als dass sich dieser Spruch auf sie beziehen soll. Wie soll ich diesem reizenden Mann erklären, was dieser T-Shirt-Aufdruck der Welt mitteilen will, zumal ich es gerade selber nicht mehr weiß?

Als Teenager kannst du anziehen, was du willst, es wird immer als hormonelle Verwirrung abgetan, aber mit dreiunddreißig bist du dafür zu alt und kannst für die Aussagen, die du freiwillig am Körper trägst, zur Verantwortung gezogen werden. Nicht nur das, ich selbst habe oft genug spöttisch über den Arsch einer Mittvierziger-Tussi gelächelt, über den sich in altdeutschen Lettern die Worte *Punk Royal* gezogen haben.

Ich versuche, auf das nette, runzlige Männchen alles andere als asozial zu wirken, und denke darüber nach, wann und wie ich eigentlich zu meinem ersten Band-T-Shirt gekommen bin, und dann muss ich plötzlich an euch denken: Exe, Keule, Mattie und Josch, die *Schlammfressenden Ghettogötter*, die Helden meiner Jugend. Ihr, die ihr mich aus meiner musikalischen dörflichen Vorpubertät befreit habt und meine auditive Galaxie, die bis dahin aus Westernhagen, Genesis und ein bisschen Guns'n'Roses bestand, mit Supernoven erhelltet. Ihr, die ihr schon totgeglaubt wart, bevor ihr je eine Bühne betratet.

Auf den ersten Blick habt ihr euch nicht wirklich von anderen Jugendlichen aus den umliegenden Dörfern unterschieden, außer dass ihr von allem ein bisschen weniger wart. Ein bisschen weniger Fußballer, ein bisschen weniger an Treckern interessiert und noch ein bisschen weniger gutaussehend als der traurige Rest. Ihr wart immer ein bisschen dreckiger, der Staub blieb nach der Arbeit auf dem Acker an euch immer ein bisschen länger als an den anderen haften. Warum gerade ihr euch zusammenfandet und warum es dann auch noch um Musik ging, war sogar euch ein Rätsel, aber auf einmal war es einfach so, wenn es auch niemand merkte.

Da war also Keule, dessen Name nicht etwa von seiner Schlagkraft, sondern aus seiner Vorliebe für Hähnchenschenkel resultierte. Keule hatte im Alter von elf Jahren schon das dritte Mofa kaputtgefahren, was nicht außergewöhnlich war, aber – und das war außergewöhnlich – nicht ansatzweise in der Lage, es zu reparieren. Der Gleichmut, mit der er Strafen, Prügel und Hausarreste in Kauf nahm und trotzdem weiter sein Ding machte, qualifizierte ihn zum Bassmann, ohne je ein Instrument in der Hand gehabt zu haben.

Josch, sein Bruder, war durch das Austeilen zahlloser Prügel – denn meist handelte es sich um sein Mofa, das Keule kaputtfuhr – in allen Extremitäten so geschult, dass er zum Schlagzeuger mehr als prädestiniert war.

Mattie, der seine ersten Erfahrungen mit einem Saiteninstrument mit einem Eierschneider machte, und Exe, der irgendwann festgestellt hatte, dass er nicht mehr stotterte, sobald er sang oder schrie.

Der erste öffentliche Auftritt geschah eher zufällig,

weil keiner wusste, dass es euch gab. Es war Dorffest gewesen, Initiator die Kirche bzw. unser gutmütiger, weil vom Abendmahlwein dauerberauschter Hippie-Pfarrer, und er machte den Fehler, den Musikalienraum nicht abzuschließen. So hörten die Besucher des Dorffests plötzlich einen irren Lärm, Vermutungen wie »Scheiße, die Kühe haben den Notstromgenerator umgetrampelt« wurden laut.

Folgte man dem Krach, gelangte man hinter die Kirche, wo du, Josch, mit Dingen auf Stühlen herumdroschst, Mattie die einzig intakte Akustikgitarre bearbeitete (die im Anschluss ebenfalls nicht mehr intakt war), Keule mit einer Blockflöte auf das Xylophon haute und Exe Lieder aus der *Mundorgel* rückwärts sang.

Es setzte Ohrfeigen von Erziehungsberechtigten und ein Lob auf eure Kreativität aus dem Munde des Pfarrers, der aber von da an den Musikalienraum wieder sorgfältig verschloss. Meine Freundin Anjita und ich standen mit offenem Mund da, wie elektrisiert angesichts dieses Haufens Verrückter, und beschlossen, irgendwie dazugehören zu wollen. Wir waren zwölf und ihr um die vierzehn, das Wort Groupies hatten weder wir noch ihr je gehört, und das war auch gut so, denn was wir bewunderten, war euer argloser Mut, sich lächerlich zu machen und dabei Spaß zu haben.

Der Erfolg des Spontankonzerts, der immerhin darin bestand, dass alle Teilnehmer ohne große körperliche

Beeinträchtigungen überlebt hatten, spornte euch zu einer Fortführung an. Euer erstes eigenes Lied hatte den Refrain: »Baby, Baby, ehrlich, ich schwör: Wenn ich groß bin, werd ich Schamhaarfrisör!«

Ihr wurdet Aufklärer, ohne selbst Bescheid zu wissen, und außer Anjita und mir waren immer noch ein paar Teenager dabei, die euren Texten lauschten, weil sie zu Hause die *Bravo* nicht lesen durften oder konnten.

Trotzdem fehlte euch noch etwas, nicht nur musikalisches Talent oder Großhirn, sondern eine Richtung, eine gemeinsame Energie, die über die Freude am Krachmachen hinausging. Ihr hattet ja noch nicht mal einen Namen.

Doch eines Tages kam Exe mit einem erleuchteten, glückseligen Lächeln in die Garage. Er war über Insider an exotische Musikmagazine gelangt und hielt eine Zeitung in der Hand, hoch über den Kopf gestreckt wie das olympische Feuer, und flüsterte: »J-j-jetzt w-w-eiß ich, w-w-was unser Schr-r-rott bedeutet! W-w-ir S-S-SIND Schr-r-rott, w-w-wir s-s-sind M-Müll, w-w-ir sind P-PUNK!!!«

Er blickte in weitgehend verständnislos blickende Gesichter.

»D-das ist E-englisch«, fügte er hinzu, und die Mienen hellten sich auf.

»H-Hier st-steht, P-Punk ist einf-fach m-machen, o-ohne w-w-w-was zu können, und e-es ist e-e-egal, w-wie es klingt, w-w-wenn wir nur w-w-wütend s-sind da-b-bei.«

Es folgte ein Moment konzentrierter Stille, dann erklärte Josch: »Ich bin oft wütend auf Keule, weil er immer mein Mofa kaputtfährt.«

»Ich auch, auf die Penne und so, den ganzen Scheiß halt«, stimmte Mattie mit ein und machte eine vage Handbewegung in Richtung Rest der Welt.

Keule gab zu, jetzt gerade nicht wütend zu sein, sich aber was überlegen zu wollen.

Ihr kamt wortwörtlich aus dem Dreck, vom Acker, vom Arsch der Welt, und ihr wolltet, dass es jeder weiß. Ihr wurdet die *Schlammfressenden Ghettogötter*, weil es Scheiße klang, genau wie ihr.

Wir färbten euch die Haare mit Ostereierfarben und Nagellack, und eure Bühnenoutfits waren eure dreckigen, kaputten Blaumänner oder verschlissene Zimmermannshosen, aufgepeppt mit Glitzertüchern oder ein bisschen Make-up aus unserem Mädchenfundus, und alles zusammen war der frisch erfundene Glamourdreckpunk, ihr wart plötzlich mehr als alles, und alle wollten so sein wie ihr.

Ihr hattet Fans und zwar nicht mehr nur die jungen, halbtauben Fabrikarbeiter aus der Maschinenhalle, sondern auch Mädchen, denn mittlerweile hatte Keule sogar einen richtigen Bass, und Josch sah im Muskel-Shirt sogar richtig gut aus. Mattie hatte ein freches, aber charmantes Lächeln, und Exe – Exe war ein Gott. Exe war wütend und konnte über seine Fehler singen, ohne Fehler zu machen. Songs wie »Nach dem Schlammfressen immer wieder aufstehen« schienen sogar den Strebern aus dem Herzen zu sprechen (oder sie wünschten es sich zumindest) und wurden zu Klassikern. Lieder wie »Karies ist auch nicht mehr als Löcher in den Zähnen« oder »Unterm Putz sitzt immer Schmutz« wurden zu Hymnen. Ihr habt auf Bikertreffen, in Jugendzentren und auf Spanferkelfesten gespielt, und die, die euch nicht mit Dingen beworfen haben, haben euch geliebt. Die, die euch mit Dingen beworfen haben, haben euch vergöttert. Anjita und ich wurden nie eure Groupies, aber wir betreuten den Merchandise-Stand und verkauften handbemalte Gummistiefel und Schlammbowle in Dosen mit eurem Logo darauf und trugen matschfarbene T-Shirts, die ihr nur für uns angefertigt habt, auf denen stand: »Wenn Du sagst, ich bin Dreck, dann bin ich stolz darauf.«

Wir tourten über die Lande, selten mal in eine Stadt, aber es gab sogar Platten, und die Krönung eures Ruhmes war der Einstieg einer Singleauskopplung in die Top 100 in Oklahoma. Dort kannte man euch unter dem Namen *Mud-eating Ghettogods*, und die Single hieß »Dirt doesn't hurt«.

Ihr gabt die lauten, lustigen Bauernpunker, die ihr wart, aber nur wir wussten, dass Mattie eine Simon-&-Garfunkel-Platte besaß, die er liebte, und dass Keule bei Leonhard Cohens »Halleluja« immer heulte.

Es kam, wie es kommen musste: Bei einem eurer raren Gigs in einer Großstadt verliebte sich Exe in eine Logopädin, sein Stottern war im Handumdrehen geheilt, und der Motor seiner Wut war zum Stillstand gekommen. Das Letzte, was ich von ihm weiß, ist, dass er jetzt in Lyrik und so macht. Mattie sieht ihn noch ab und zu in seinem Reformhaus. Josch prügelt sich nicht mehr und ist jetzt Rettungssanitäter. Keule ist tot, Autounfall, er war nicht mal schuld.

Nur Anjita und ich tragen noch Band-T-Shirts und glauben, dass das, was wir auf Brust und Rücken vor uns hertragen, unsere Persönlichkeit ausmacht. Manchmal stimmt das vielleicht, aber nicht immer.

Ich verwerfe den Gedanken, all das den freundlichen Fältchen meines Gegenübers zu erzählen und beiße stattdessen in das köstliche Souvlaki. Irgendwo in meiner Reisetasche habe ich auch noch ein Need-no-meat-T-Shirt, gut, dass ich das nicht anhabe.

»My Shirt? Don't mind, not now«, lächle ich, und er gibt sich damit zufrieden. Er ist auch ohne Shirt ein Punk, denke ich mir und bin froh, dass es hier nicht allzu sauber ist, denn auch, wenn ich nicht mehr wie meine T-Shirts bin, Dreck mag ich noch immer. Halleluja.

The same procedure as every year oder Wie heißt denn jetzt das weibliche Rehkitz?

Es ist wieder soweit: Weihnachten ist da. So überraschend, wie es dann jedes Jahr wieder plötzlich vor der Tür steht, so mental unvorbereitet treffe ich jedes Jahr in meiner Heimat ein, um mich am traditionellen Weihnachtsessen beteiligen dürfen zu müssen. Die mit dem Essen verbundene Konversation dreht sich generell um das Weltgeschehen, jedoch um das Weltgeschehen im Kleinen, um nicht zu sagen im ganz Kleinen, quasi um das Weltgeschehen in Kleinmarpe. Jetzt besteht Kleinmarpe aber zum Großteil aus meiner Verwandtschaft, und die Hauptattraktion ist der Kreisverkehr (straßenverkehrstechnisch gesehen, nicht verwandtenverkehrstechnisch). Trotzdem wird während des Essens nicht geschwiegen, nein, jeder weiß lustige Sachen zu berichten, die dann munter durcheinandererzählt werden. Ehrlich gesagt kenne ich keine andere

Familie, in der so freundlich und absolut aneinander vorbeigeredet wird. Zur eindringlicheren Verdeutlichung der Szenerie zunächst eine kurze Vorstellung der Protagonisten:

Mein Vater (Ende 60): Mein Vater spricht nicht viel, aber essentiell und hat es sich zur Aufgabe gemacht, den Garten meiner Eltern mit Hilfe eigens ausgetüftelter Lebendfallen maulwurfsfrei zu kriegen. Die lebendig gefangenen Maulwürfe setzt er zwei Nachbargärten weiter aus, damit ihm auch zukünftig nicht langweilig wird.

Meine Mutter (Anfang 60): Meine Mutter ist Wortführerin und Gesprächsthemen-Initiatorin jeder Tafel. Sie ist der Typ, der gerne Witze erzählt, aber die Pointen vergisst oder sie nicht zu Ende bringt, weil sie vorher schon so lachen muss, dass sie nicht mehr sprechen kann. Nach einem Glas Schnaps setzt sie sich neben den Stuhl, und nach wie vor glaubt sie, ich schreibe Geschichten über kleine Kätzchen.

Neben meiner Mutter sind für die Gesprächsgestaltung noch meine beiden Tanten maßgeblich, *Tante Hilla* und *Tante Trautchen*. Beide sind mir ähnlich, sehr ähnlich, obwohl sie nicht meine Mutter sind. Vielleicht sollte ich mir über den Kreisverkehr doch noch mal Gedanken machen.

Jetzt muss man natürlich wissen, dass eine normale Gesprächsführung bei unserer Familie nicht normal ist. Im Folgenden ein Beispiel:

Trautchen: Heute Mittag in Lemgo waren gar nicht so viele Leute. Die Rieke war auch nicht da, die hat jetzt ja ihr zweites Kind.

Hilla: Rieke, die heißt doch nicht wirklich Rieke, oder?

Mama: Ist das tatsächlich schon ihr zweiter Enkel? Wie die Zeit vergeht …

Trautchen: Nicht Enkel – Kind! Ihr zweites Kind!

Hilla: Aber die heißt doch nicht wirklich Rieke!?

Mama: Enkelkind, sag ich doch! Und wie heißt es?

Trautchen: Kind, nicht Enkelkind. Und es heißt Wim. Oder Tim. Eins von beiden ist der Hund, ich kann mir das nie merken.

Hilla: Aber wer nennt sein Kind denn Rieke? Wie heißt die denn richtig! So heißen doch Rehe!

Mama: Und der Enkel von der Rieke heißt jetzt so wie der Hund?

Trautchen: Es ist nicht der Enkel. Es ist das Kind!

Mama: Ja, und was ist jetzt mit dem Hund?

Trautchen: Der heißt entweder Wim oder Tim.

Hilla: Na, da hätten sie es doch auch Wendelin nennen können, das kann man sich doch viel besser merken!

Papa: Gib mir mal die Bockwurst.

Mama: Ach so, der Wim oder Tim ist jetzt das Kind von der Rieke!

Hilla: Also mal im Ernst, findet ihr das gut, wenn man sein Kind so nennt wie ein weibliches Tier? Ich nenn' meinen Sohn doch auch nicht Erpel oder so. – Tststs, Rieke!

Mama: Rehe heißen aber nicht Rieke!

Trautchen: Nee, Rehe heißen Bambi.

Hilla: Ja, aber jetzt so in der Förstersprache heißt das weibliche Rehkitz doch Rieke!

Trautchen: Es gibt kein weibliches Rehkitz, es gibt nur das Rehkitz. Und das weibliche Reh heißt Ricke!

Papa: Gib mir doch noch mal die Bockwurst …!

Mama: Ich meine aber, die Rieke wäre die Ältere, die hat doch auch schon 'n Enkel gehabt!

Hilla: Hömma, wer ist überhaupt die Rieke?

Alle: Kennst du nicht.

Mama: Aber wie heißt denn jetzt die Ältere, wo ich meine, dass das die Rieke ist?

Hilla: Wie heißt eigentlich das weibliche Kaninchen?

Trautchen: War aber schön in Lemgo. Aber die haben die Torte in so große Stücke geschnitten, die hab' ich gar nicht aufgekriegt.

Mama: War denn lecker?

Papa: Ist denn jetzt noch irgendwo Bockwurst da?

Mama: Ist das schön, dass wir alle so schön hier zusammensitzen! Sag mal, Dagmar, du sagst ja gar nichts …

Hilla: Weißt DU nicht, wie das weibliche Kaninchen heißt?

Mama: Och du, schreib doch da mal 'ne Geschichte drüber, dass keiner von uns weiß, wie so 'n Kaninchen heißt, das ist doch lustig.

Ja, hab' ich jetzt ja gemacht.

Schimanski

Und ich war mir so sicher! Ich war mir so sicher, damals mit zwölf, dass die Zweitausender Jahre des Erfolges sein würden. Ich wäre uralt, nämlich siebenundzwanzig, und deswegen natürlich schon lange verheiratet, würde meine Lebensmittel in Klarsichtfolie aufbewahren und hätte auf jeden Fall so viel Geld, dass ich mir keine Sorgen machen müsste.

Natürlich glaubte ich in dieser Zeit auch, dass ich irgendwann geradewegs vom *RFV Donop grün-weiß* in die deutsche Dressurreiter-Olympia-Equipe aufgenommen werden würde, die Trainer müssten mich nur mal sehen und meine Talente entdecken, und ich glaubte auch, dass Rüdiger aus der 9c, für den ich heimlich schwärmte, seine Freundin meinetwegen doch irgendwann verlassen würde, er müsste mich nur mal sehen und meine Talente entdecken.

Aber alles kommt anders, als man mit zwölf denkt.

2001: Ich mache meinen Job, indem ich zu einer sogar für Katholiken unchristlichen Zeit auf einem Parkplatz vor mich hinvegetiere.

Flüchtigen oder nervigen Bekannten erzähle ich immer, ich sei in der Medienbranche – was auch stimmt, auch wenn ich in der Hierarchie eines Filmteams nicht mal erwähnt werde. Ja, ich sperre Drehorte ab. Ja, ich halte den Filmfuzzis den Rücken frei, damit sie ihre Pseudo-Actionszenen dort filmen können, wo sonst Anwohner ihre Autos parken und die dann (also die Anwohner), wenn sie es nicht dürfen, ziemlich sauer auf mich werden und mich anschreien und das dringende Bedürfnis verspüren, mich zu überfahren.

Ja, ich trage eine orange Weste, obwohl ich rote Haare habe und das nicht wirklich farbharmonisch einhergeht. Und jetzt stehe ich hier in einer Parkzone, die leer sein sollte, aber leider nur ungefähr so frei ist wie die Theke einer Fußballkneipe, an der gerade Jägermeister für umsonst ausgeschenkt wird.

Die Gegend um die Parkfläche hat den Charme eines explodierten Chemiewerkes. Überall steht, dass irgendwas verboten ist, aber Schilder sind hier nur dazu da, um Zielschießen zu üben, wie ich an ein paar Einschusslöchern feststellen kann.

Weil ich allein vom Existieren zu dieser frühen Stunde ganz erschlagen bin, setze ich mich auf einen Stromkasten und warte auf die Polizei, die dafür sorgen soll, dass die hier herumstehenden Autos weggefahren oder abgeschleppt werden.

Ich registriere erste Bewegungen hinter braungelben Gardinen. In dieser Gegend in freundlichem Kontakt mit der Polizei gesehen zu werden, hat vermutlich dieselben Konsequenzen, wie in der Bronx »Nigger sind scheiße!« zu schreien, darum versuche ich, als die Polizisten auftauchen, möglichst böse zu gucken.

Sie gehen los, um die Fahrzeughalter aus den Wohnungen zu klingeln; keine sehr dankbare Aufgabe, aber besser die als ich. Nach wenigen Minuten erscheint auch schon der Erste, der in einen schwarzen alten Kadett mit gesprungener Windschutzscheibe steigt, nachdem er im vierten Anlauf das Türschloss getroffen hat. Ich kann gerade noch zur Seite springen, als er beim Zurücksetzen ungerührt gegen meinen Stromkasten semmelt.

Die Polizisten sind soeben weggefahren, als ein Mann auftaucht, in dessen Schatten ich an einem heißen Sommertag bequem auch diagonal liegen könnte. Auf dem Kopf hat er nur noch ein spärliches Haarbüschel, was er aber durch einen aus den Nackenhaaren gebundenen, etwa hüftlangen Zopf wieder auszugleichen versucht. Er trägt eine Fliegerjacke aus braunem Patchwork-Leder und eine Karottenjeans mit Hochwasser über den weißen Tennissocken. Seine Füße stecken in schwarzen Slippern mit Bommeln. Er wird von zwei Pitbulls flankiert, die mich vermutlich schon in gleichgroße Portionen aufteilen, jedenfalls ziehen sie eine Sabberspur hinter sich her.

Alle drei bleiben vor mir stehen und mustern mich. Das Gesicht des Mannes sieht aus, als sei es von einem sehr untalentierten Kind in Zement gemeißelt worden. Er blickt von den Halteverbotsschildern mit dem Hinweis auf Filmaufnahmen zu mir und wieder zurück und wieder zu mir und wieder zurück und scheint nach circa zwei Minuten einen Zusammenhang zu vermuten. Er verzieht geringschätzig den Mundwinkel nach unten und reckt sein Kinn in meine Richtung.

»Hey«, sagt er, »wat macht ihr hier für'n Scheiß? Wat soll die Kacke?«

Die beiden Monster in Kniehöhe scharren ungeduldig mit den Pfoten und lassen mich nicht aus den Augen. Der eine fängt zu knurren an.

»Schimanski«, flüstere ich, denn meine Stimme versagt.

»Wat?«, brüllt er.

»Schimanski«, schaffe ich es diesmal ein wenig lauter. Auf seinem Gesicht geht die Sonne auf.

»Echt, Schimi? Geil! Sach ma, braucht ihr nich noch Statisten? Meine Jungs und ich«, er deutet auf die Hunde, die mittlerweile in einem Sabbersee stehen, »wir waren nämlich schon mal Statisten. Und meine Jungs, die sind spitze. Die hören. Natürlich nur auf mich. Wenn ich sage ›Fass!‹, dann fassen die. Und zwar richtig, da wo's am Wehtun ist, verstehste?«

Er patscht den beiden liebevoll, wenn auch nicht sanft, auf die Köpfe, woraufhin sie sich glücklich in ih-

ren Sabbersee setzen und an seine hellblaue Karottenjeans schmiegen.

Er schaut mich erwartungsvoll an.

»Na ja, ich glaube nicht, also das mit den Statisten«,
antworte ich.

Er sieht sehr enttäuscht aus, und die Pitbulls stehen
wieder auf und fangen diesmal synchron an zu knurren.

»Aber du kannst ja noch mal fragen«, ergänze ich
schnell, »ich hab' mit denen eigentlich nichts zu tun.
Also, wenn du mich fragst, ich finde, ihr wärt die Ideal-
besetzung!«

Ich glaube, er schöpft wieder Hoffnung.

»Schimi find' ich nämlich echt geil«, gesteht er erneut.

Dadurch mutig geworden, frage ich ihn: »Du weißt
nicht zufällig, wem die Autos hier gehören? Die müssen nämlich weg!«

Er antwortet im Weitergehen: »Nee, meins ist da
nicht. Ich hab' meins schon gestern weggefahren. Ich
kann ja lesen!«

»Na, da biste wohl der Einzige hier, wa?«, sag' ich
fröhlich, und im selben Moment schlägt das Männchen in meinem Hirn, das für logisches Denken ver-
antwortlich ist, die Hände über dem Kopf zusammen
und beschließt, sofort zu kündigen.

Das Betongesicht bleibt stehen und dreht sich langsam zu mir um. Neben ihm zappeln die beiden Jungs

schon wieder erwartungsvoll und übertreffen das Knurren von gerade eben um ein Vielfaches. Einige Sekunden lang, die sich aber dehnen wie das Bündchengummi einer Schwangerenhose, starrt er mich an. Sein linker Nasenflügel zuckt.

Ich überlege, wie weit ich kommen würde, wenn ich sofort lossprinte, und ob Pitbulls klettern können und was passiert, wenn ich auf den ersten Balkon hechte und gerade in eine intime Familienschlägerei gerate. Da höre ich ein Geräusch. Es klingt, als blase ein altersschwacher Löwe mit Rachenkatarrh in eine Gießkanne. Es dauert noch einmal einige Sekunden, bis ich kapiere, dass er lacht.

»Die EINZIGEN! Der war gut! Jau, ich sach ja: Meine Jungs und ich sind die Besten hier! So, jetzt müssen wir aber weiter! Ich heiß übrigens Horst, wie der Schimi! Grüß mir den schön, ja?«

Ich nicke und sehe ihm neidisch hinterher, wie er mit den Jungs in der Morgensonne Richtung Rhein spaziert. Drei Stunden später fährt Götz George an mir vorbei, schaut in meine Richtung und bemerkt mich trotz meiner orangefarbenen Weste natürlich überhaupt nicht. Ich denke ernsthaft darüber nach, mir einen angenehmeren Job zu suchen, vielleicht braucht Horst ja mal einen Hundesitter.

Von apokalyptischen Anaerobionten und ihren Analeptika

Es gibt diese Momente, da nimmt dein Leben von jetzt auf gleich eine plötzliche Wendung. Völlig unvorbereitet kann es dich an jeder Ecke erwischen. Zum Beispiel so:

Die Sonne scheint. Du sitzt auf deinem Fahrrad und trittst kräftig in die Pedale. Du bist dir deines Körpers total bewusst. Der Wind pfeift dir um die Ohren. Du spürst, wie deine Beine dich vorwärtsradeln, du weißt, dass dieses wahnsinnige Tempo nur aufgrund deiner Muskelkraft zustande kommt, du bist eins mit der Geschwindigkeit, du bist wie im Rausch. Du möchtest am liebsten laut lachen, du fühlst dich so frei, so frei und so LEBENDIG ...

... und in diesem Moment wirst du von einem Vorschulkind auf einem Tigerentenfahrrad überholt.

Schlagartig wird dir klar: Dein Leben ist nur eine

Illusion. Du bist nicht schnell, nur der Wind ist so laut. Deine Muskulatur ist nicht kräftig, nur einfach nicht so schwabbelig, wie sie bei anderen Menschen deines Alters sein könnte, vorausgesetzt, diese Menschen sind seit längerer Zeit bettlägerig oder befinden sich im Koma. Du willst jetzt auch nicht mehr lachen, sondern gehst in einen Buchladen, wo du wie in Trance Ratgeber wie »Krankheit als Weg« oder »Depression – eine Lebenschance« in den Einkaufskorb legst.

Wieder zu Hause angekommen, legst du aus alter Gewohnheit zur Stimmungsverbesserung irgendwas von *Rammstein, The Cure* oder den *Dead Kennedys* auf, machst dir jedoch, anstatt eine Dose Bier aufzureißen, einen Kamillentee. Und der Gedanke, der die Gesamtheit deines Großhirns beansprucht, lautet: »Mist! Wird noch was aus mir, oder stagniere ich geistig und outfitmäßig im Hier und Jetzt und lasse meinen Körper einfach unter dem schwarzen Lidstrich und dem roten Haar verwelken, auf die Gefahr hin, dass ich irgendwann aussehe wie Brigitte Mira in zu engen T-Shirts?«

Ich saß also deprimiert, prä-, peri- und postmenstrual zugleich, auf meinem Sofa, fühlte mich alt und sinnierte. Ich fragte mich Fragen. Ich fragte mich, was passieren würde, wenn die ganze Welt noch mal von vorne begänne, aber jetzt. Also was wäre, wenn alles Leben auf einen Schlag ausgelöscht wird, weil alle an einem kollektiven Herzinfarkt sterben. Alle. Auch Muscheln. Wenn alles weg ist – würde dann alles von vorne losgehen? Würden irgendwann wieder irgend-welche Einzeller an Land krabbeln, gehen lernen und später schlimme Handys um den Hals tragen? Gäbe es noch einmal Mammuts, Dinosaurier und Eva Herr-mann, oder besitzt die Erde so etwas wie ein Evolu-tionsgedächtnis und vermeidet schon einmal geschei-terte Lebensformen?

Würde ich wieder zu der Frau werden, die ich heute bin, oder würde ich es tatsächlich schaffen, irgendwo mal anders abzubiegen? Was wäre, wenn ich zum Bei-spiel eine Amöbe werden würde? Was wäre, wenn die Evolution beschließen würde, dass die Amöbe das höchste und erstrebenswerteste Lebewesen auf der Welt wäre? Trügen dann Amöben schlimme Handys um den Hals? Haben Amöben überhaupt Hälse? Wür-den Amöben Weltkriege führen? Nein, Amöben tun wahrscheinlich nichts, als den ganzen Tag vor sich hin zu osmosieren oder wie das heißt, Osmose betreiben halt. Jedenfalls besser, als frustriert auf dem Sofa zu sit-zen und zu sinnieren und …

Es klingelt an der Tür. Noch völlig in Gedanken ver-sunken, öffne ich. »Ja?«, nuschele ich den vor mir ste-henden Mann an, der sich von meiner Kamillentee-laune sein strahlendes Lächeln aber nicht vermiesen lässt. Er muss zu mir aufschauen, was nicht viele müs-sen, was ihn aber nicht stört. Selbstbewusst steht er im Flur, obwohl er statt Schuhen nur fliederfarbene Stop-persocken trägt. Mit einer Stimme wie eine personifizierte Ecstasy-Pille sprudelt es aus ihm heraus: »Guten Tag, mein Name ist Mario Puddingbrumsel, und ich bin Ihr neuer Nachbar. Ich wollte mich mal vorstellen! Beruflich bin ich Motivationstrainer.«

Er streckt mir überschwänglich die Hand entgegen.

»Ja, Tag.«

Herr Puddingbrumsel schlittert mit einem gekonnten Schwung in meine Wohnung hinein.

»Hübsch haben Sie es hier. Mit was beschäftigen Sie sich denn so?«

»Amöben«, antworte ich tonlos.

»Oh, das ist aber interessant. – Und? Macht das Spaß?«

»Hä?«

»Ja, sind Sie glücklich?«

»Was ist das denn für 'ne Scheißfrage? Was geht Sie das denn an?«

Meine Unwirschheit perlt an ihm ab; er scheint seine gute Laune laminiert zu haben.

»Na ja, wissen Sie, mein Job ist manchmal sehr anstrengend, und ich brauche ein ausgeglichenes fröhliches Umfeld, und da dachte ich, ich frag' mal nach. – Also, geht's Ihnen gut?«

Er strahlt wirklich wie die Sonne. Ich fange an zu heulen.

»Nein. Und ich mache auch gar nichts mit Amöben!«

Mario Puddingbrumsel tätschelt meine Wange und

sagt großväterlich: »Nanana, Einzeller hin oder her, so schlimm kann's doch gar nicht sein! Soll ich Ihnen einen Tipp geben?«

Er schwingt sich auf meine Waschmaschine und lässt die Füße in der Luft baumeln. Dreißig schier unendliche Sekunden lang passiert nichts.

»Ja, was ist denn jetzt?«, frage ich, und erstaunlicherweise glaubt tatsächlich etwas in mir, dass jemand, der Puddingbrumsel heißt und fliederfarbene Stoppersocken trägt, mir einen wertvollen Ratschlag für den Rest meines Lebens geben kann.

»Na, überlegen Sie doch mal. Sie müssen selber drauf kommen. Ich motiviere ja nur zum Denken.«

Witzbolde konnte ich jetzt wirklich überhaupt nicht gebrauchen, und ich vermute, er sieht es mir an, denn mein neuer Nachbar scheint sich schnell selbst zu motivieren. Eilig schlägt er vor: »Ich persönlich neige in solchen Situationen ja zu Gymnastik, aber das ist individuell sehr unterschiedlich! Schon mal Bodenturnen versucht?«

»Wie bitte?«

»Verzeihung, war nur so eine Idee. Also, was ist das mit den Amöben?«

So viel ehrlichem Interesse kann meine Abwehr nicht standhalten. Also bricht es aus mir heraus: »Ich wünschte, ich wäre eine. Amöben kriegen keine Falten. Amöben sind nicht depressiv. Amöben werden nicht von Tigerentenfahrrädern überholt!«

»Aha, da haben wir's doch schon!«

Herr Puddingbrumsel springt von der Waschmaschine und schlittert durch die Küche, den Zeigefinger erhoben, als wolle er einem unsichtbaren Orchester den Auftakt anzeigen.

»Sie müssen in Krisen pragmatischer vorgehen! Konkret etwas gegen die Symptome unternehmen! Sie fühlen sich alt? Treten Sie der CSU bei, Sie werden die Jüngste sein! – Schaffen Sie sich neue Relationen! Agieren Sie! Tun Sie etwas Unerwartetes!«

Er beginnt vor Aufregung fast zu hüpfen.

»Wenn an der Kasse im Supermarkt hinter Ihnen jemand drängelt, bleiben Sie extra länger stehen und spielen Sie ein Luftgitarrensolo! Umarmen Sie den U-Bahnfahrer! Wenn Sie wieder mal jemand anruft und sagt: ›Sie haben gewonnen!‹, dann sagen Sie: ›Ich möchte mit Ihnen über Gott sprechen!‹ Und wenn die Zeugen Jehovas bei Ihnen klingeln, dann machen Sie es andersrum! Beginnen Sie jedes schwierige Behördengespräch mit ›Ich hab' dich lieb!‹. Genießen Sie die Reaktionen! Vergeuden Sie keine Zeit mit Amöbentheorien, nein, laden Sie Ihren Motivationstrainer zum Essen ein! Vergeuden Sie sowieso überhaupt keine Zeit, sich gute Ratschläge anzuhören. Ich bin übrigens fürs Duzen, und wo wir schon dabei sind, warum wollen wir überhaupt essen gehen, ich kann doch auch für uns kochen, bleiben wir bei dir? Meine Küche ist noch nicht eingeräumt. Ich sterbe ja für Fischstäbchen, was meinst du?«

Mario Puddingbrumsel hat meinen Kopf konkav geredet. Ich hasse Fischstäbchen, aber ich höre mich sagen: »Fischstäbchen? Gerne!«

Junge, Junge, das war unerwartet. Auf Marios Gesicht flanieren jetzt ganze Sonnensysteme. Plötzlich erscheint er mir unwirklich. Kann das überhaupt ein Wesen von dieser Welt sein? Irgendetwas an ihm wirkt so wenig irdisch, dass ich zu glauben beginne, das Universum muss ein Einsehen mit mir gehabt und mich endlich als wirklich schwierigen Fall anerkannt haben. Wahrscheinlich haben sie ihren besten Mann auf mich angesetzt. Ich finde es nur fair, wenn ich einmal etwas gewinne, für das ich nicht auch noch den Flug bezahlen muss. In Gedanken binde ich Mario Puddingbrumsel eine Schleife um den Kopf und lege ihn in meine persönliche Schatzkiste. Mir wird ein bisschen warm.

»Ja denn, prima, ich hol Schnaps«, sagt er, und in einer Mischung aus Schlittern und Hopsen eilt er die Treppe hinunter. Ich schließe die Augen.

Nur Sekunden später steigt mir der scharfe Geruch eines Obstlers in die Nase, und nach den ersten zwei Gläsern ist es mir auch egal, ob der kleine, bunte Mann echt ist oder nicht. Vielleicht ist Krankheit ein Weg und Depression eine Lebenschance, aber ein Puddingbrumsel ist etwas Unerwartetes. Schön.

Redhead und der böse Wolfgang

Es war einmal ein junges Mädchen, das hatte so rotes Haar, dass es überallhin leuchtete und dass immer die Autos anhielten, wenn es über die Straße ging. Aufgrund ihres roten Haares und auch weil sie es total cool fand, wurde sie von allen nur Redhead genannt. Hörte sich zwar ein bisschen nach Bluthochdruck an, hatte aber auch ein bisschen was von Anarchie, und tief in ihrem Herzen war Redhead ein Punk.

Eines Tages musste Redhead wieder die große Runde fahren; sie war Altenpflegerin und fuhr *Essen auf Rädern* aus. Da sie es an diesem Tag aber besonders eilig hatte, beschloss sie, eine Abkürzung durch den Stadtwald zu fahren, um ins Bonzenviertel zu gelangen. Dort wohnte ihre Lieblingsoma, der sie heute Kartoffelbrei, Rotkohlbrei und Schweinebratenbrei bringen sollte.

Mitten auf einer einsamen Straße im Stadtwald verreckte ihre Karre.

»Egal«, dachte Redhead, doch als sie den ADAC rufen wollte, schrie sie laut: »Verflixte Kiste!«, denn sie hatte kein Guthaben mehr auf ihrem Handy. Als sie gerade anfing, wild auf die Motorhaube einzuschlagen, hörte sie hinter sich eine Stimme, die aus den tiefsten Kellern der Erde, zumindest aber von jemandem ohne Kehlkopf zu kommen schien.

»Nanana, wer wird denn so wütend sein? Kann ich dir helfen, kleines Fräulein?«

Redhead fuhr herum.

»Verpiss dich, du Arschloch, äh ... oh, guten Tag, haben Sie Ahnung von Autos?«

Sie sah einen langhaarigen, bärtigen Typen und dachte erst, es wäre Jesus. Aber nirgends stand geschrieben, dass Jesus unheimlich viele Haare auf dem Rücken hatte – der Typ aber schon. Sie quollen aus allen Öffnungen seines Netz-Muskel-Shirts.

»Guten Tag, kleines Fräulein, mein Name ist Wolfgang, aber du kannst auch Wolfi zu mir sagen. – Nein, Ahnung von Autos hab' ich eigentlich nicht. Was tust du denn hier auf dieser abgelegenen Straße?«

»Ach, so'n Scheiß, ich muss ins Bonzenviertel zu meiner Lieblingsoma, wegen *Essen auf Rädern* und so.«

»Soso, ins Bonzenviertel?« Wolfgang bekam leuchtende Augen. »Das ist aber ein schöner Beruf, den du machst. Ich liebe ältere Frauen! Das heißt, eigentlich steh' ich auf jüngere, aber irgendwie habe ich da nie eine Schnitte.« Er wirkte plötzlich sehr traurig und fuhr fort: »Ich kenne da so ein paar Schwestern, sieben

Stück und eine hübscher als die andere, aber alles Zicken! Die machen mir noch nicht mal die Tür auf und kreiden mir alles an, was ich sage.«

Redhead hatte nicht nur ein Herz für Punks und Omis, sondern auch für alle anderen Randgruppen, und war deshalb total tolerant. Der haarige Wolfi tat ihr sofort unheimlich leid. Sie bot ihm eine Tasse Tee und einen ihrer Müsli-Power-Riegel an, die sie für die Senioren mit eigenen Zähnen im Gepäck hatte, und dann redete sie mit ihm über seine Probleme. Außerdem gab sie ihm den Tipp, sich mal ordentlich zu rasieren und sich eine andere Stimmlage anzugewöhnen, dann würde es mit den Schwestern schon klargehen.

Zum Dank schenkte Wolfi ihr den Kanister Diesel, den er zufällig mit sich herumtrug, und machte sich wieder auf den Weg.

Redhead war superglücklich, so beiläufig jemandem geholfen zu haben, und noch viel superglücklicher war sie, als das Auto mit dem Diesel wieder ansprang.

Was sie nicht wusste, war, dass Wolfi in Wirklichkeit ein Arschloch war und sie für ihr Auto gar nicht Diesel, sondern Super bleifrei brauchte und die Karre deswegen nach drei Kilometern endgültig im Eimer war.

Was sie ebenfalls nicht wusste, war, dass Wolfgang sich auf den Weg zu ihrer Lieblingsomi ins Bonzenviertel gemacht hatte, weil er bei ihr natürlich jede Menge Geld vermutete.

Er klingelte und sagte: »Hallo, ich bin's, von *Essen auf Rädern*!«

Was Wolfgang wiederum nicht wusste, war, dass die alte Dame nicht etwa wegen großer Reichtümer Redheads Lieblingsoma war, sondern weil sie völlig abgedreht war und Alzheimer in Bezug auf diese Frau pure Untertreibung.

Die Oma hatte vergessen, wie Redhead aussah, sodass sie nicht überrascht war, Wolfgang vor der Tür zu sehen. Außerdem wusste sie auch nicht mehr, was *Essen auf Rädern* bedeutete. Sie war nur mal vor die Tür gegangen, um zu gucken, ob sie wirklich den Fliegeralarm gehört hatte. Sie war noch sehr gut bei Kräften und rannte den überraschten Wolfgang auf dem vermeintlichen Weg in den Luftschutzbunker einfach über den Haufen.

Weil Wolfgang nicht nur ein Arschloch, sondern auch noch eine feige Sau war, machte er sich sofort aus dem Staub, ohne nach den Reichtümern der Oma zu gucken.

Als Redhead zwei Stunden später zu Fuß mit ihrer Warmhaltebox bei der Oma ankam, saß diese glücklich in Nachthemd, Gummistiefeln und Pudelmütze auf ihrem Schaukelstuhl und freute sich sehr über das Essen. Ihre Freude machte wiederum Redhead so glücklich, dass sie sich nicht mehr über ihren Scheißtag ärgerte, und was Wolfgang vorgehabt hatte, würde sie nie erfahren, denn die Oma wusste ja auch von nix.

Tja, und was ist aus Wolfgang geworden? Er befolgte Redheads Rat und rasierte sich, nahm Gesangsunterricht und ging zum Fernsehen. Er vernascht immer noch gerne junge Zicken, mit dem Unterschied, dass sie heute auf ihn abfahren, weil er viel Geld hat und ihnen verspricht, dass sie Superstar werden. Auch wenn er sich heute Dieter nennt, bleibt dem geschulten Auge der Wolfgang in ihm nicht verborgen.

Zurück in die aktuelle Pubertätsgegenwart

Eines Nachmittags fand ich mich fröhlich durch die Straßen Berlins wandernd, obwohl ich eigentlich in Köln wohne und ursprünglich aus Ostwestfalen komme. Ich weiß nicht genau, wie es dazu kam, vermute aber stark, dass es mit dem gestrigen Absinth?-Ach-los-einer-geht-noch-Abend zu tun hatte. Ich erinnere mich aber an das starke Bedürfnis nach einer Tafel Schokolade, das ich am Hauptbahnhof oben auf dem Gleis zu stillen gedachte. Ich erinnere mich auch daran, dass ich am Automaten wieder einmal sehr erbost über die enorme Preissteigerung seit dem Euro war, als ein freundlicher Schaffner meinen schwankenden Körper festhielt und mich mit einem Blick auf die vermeintliche Tafel Schokolade in meiner Hand einfach in den nächsten Zug setzte.

Gut, vielleicht hätten mir die sechsunddreißig Euro für eine Tafel *Ritter Sport* gleich etwas übertrieben erscheinen können, aber müssen die Fahrkartenautomaten auch so dicht neben den Süßigkeitenmaschinen stehen?

So ließ ich mich dann also einige Stunden später durch die kulturschwangeren Straßen Berlins treiben, wo ich plötzlich in eine riesige Menschenansammlung geriet. Ich hörte Musik, ich hörte Gesänge, ich hörte, wie Tausende von Menschen dieselben Zeilen intonierten, und ich hörte vor allem, dass ich es auch tat:

»Paule heißt er, ist Bademeister im Schwimmbad an der Ecke ...«

Und gleich darauf: »Zu spät, zu späääät ...« und »Ich will zurück nach Westerland ...«

Mein Gott, nicht nur, dass ich statt einer Tafel Schokolade ein Zugticket gezogen hatte, jetzt war ich auch noch durch ein Zeitloch gefallen! Ich war wieder dreizehn! Ich war wieder zurück in der Zeit, in der ich mutwillig den ersten Kragen eines T-Shirts abgeschnitten hatte, zurück in der Zeit, in der Pickel noch keine Rolle spielten, Jungs aber irgendwie schon. Zurück in der Zeit, in der die Band *Die Ärzte* nicht Amüsement, sondern eine Gottheit waren und ich verliebt in Bela B.

Neben mir sprangen halbherzig ein paar kleine, bunthaarige Jugendliche in H-&-M-Ramones-T-Shirts, Domestos-Stretchjeans und neuwertigen Nietenhalsbändern herum und schubsten sich schüchtern umher. Hinter mir schimpfte eine Frau in den Wechseljahren: »Wenn der mir noch eenmal quer kommt, hau ick dem eins uffe Fresse, da ha'ick keen Problem mit!«

Ich war empört. Nicht wegen der Frau, sondern wegen des unqualifizierten Kinderpogos, der sich mir darbot! Für alle die, die meinen emotionalen Zustand noch nicht richtig nachvollziehen können: Bei Jugendlichen mit wilder Haartracht in noch wilderen Farben, die sich aber anstupsen, als seien sie rosa Wattebäuschchen, bei solcher Jugend reagieren meine Gene wie die eines herzinfarktgefährdeten Klassikfreundes, der während eines Tschaikowsky-Konzertes neben einer spielenden Karnevalskapelle stehen muss. Ich meine, diese Menschen waren jung und scheinbar physisch intakt, bewegten sich jedoch wie eine Gruppe Körperlegastheniker, die an Glasknochen leiden! Und plötzlich wurde mir klar: Deswegen war ich hier! Ich hatte eine Mission! Ich konnte die Jugendlichen im Untergrund lehren, was Spaß und Randgruppenauthentizität bedeutete! Ich konnte Exempel statuieren. Ich konnte ein Guru werden!

Also sprang ich inbrünstig in den Kreis der minderjährigen Bonsai-Irokesen. An Körpergröße von ihnen nicht zu unterscheiden, bemerkten sie mein Hinzukommen zunächst gar nicht, was zumindest für ein gewisses Maß an Enthusiasmus oder Rauschzustand ihrerseits sprach. Ein Anfang. Ich wurde tatsächlich erst registriert, nachdem ich einem von ihnen auf den Rücken gesprungen war, seinen sorgfältig gekämmten Iro in ein Schlachtfeld verwandelt und ihm permanent »Hey, hey, Wickie!« ins Ohr gebrüllt hatte. Sie sahen mich an wie eine Erscheinung. Gut, vielleicht hatte ich es ein wenig übertrieben, als ich einem seine Lederjacke aus- und mir angezogen hatte, aber als Messias oder so muss man sich eben deutlich bemerkbar machen, wenn vergessen worden ist, vorweg einen Kometen zu schicken.

Als mich die kleinen Punker (von denen jetzt keiner mehr ein Nietenhalsband trug, denn ich hatte mir den rechten Arm damit bandagiert, um mir besser Platz verschaffen zu können) –, als mich also ein Großteil der kleinen Punker in einem Halbkreis umringt hatte und mich mit einer Mischung aus Unglauben und Entsetzen anstarrte, erklangen im Hintergrund die ersten Töne von »Manchmal, aber nur manchmal haben Frauen ein kleines bisschen Haue gern ...«, und ich dachte: »MOOOMENT! Da stimmt doch was nicht! Dieses Lied war doch frühestens aus dem Jahr 2000! Das gab's doch in den Achtzigern noch gar nicht!« Und spätestens, als der letzte der kleinen Rabauken durch den Halbkreis auf mich zugeflogen und neben meinen Knien zu liegen kam und »Oh, Entschuldigung!« murmelte, erkannte ich, dass das mit dem Zeitloch wohl eher das letzte Übrigbleibsel des gestrigen Abends gewesen war. Mir wurde das Ausmaß meines Verhaltens bewusst, ich errötete, doch – nein! Ich durfte nicht aus meiner Rolle fallen! Nach wie vor hatte ich offensichtlich eine Mission zu erfüllen.

»Hör mal, wieso entschuldigst du dich!? Ich bin doch noch nicht mal hingefallen!«, schnauzte ich den kleinen

Jungen zu meinen Füßen missbilligend an, der sich bei näherem Hinsehen als Mädchen entpuppte. Erst dachte ich, sie hätte sich lustigerweise ein Gesicht auf die linke Kopfseite unter den Iro gemalt, bis ich feststellte, dass sie diesen nicht wie üblich von vorne nach hinten, sondern von links nach rechts rasiert hatte, was ihr die Silhouette eines unbeholfenen Gartenrechens verlieh.

»Na weil… ick bin halt'n umsichtiger Punker!«, schnappte sie zurück, jedoch sichtlich unsicher.

»Und ihr? Warum macht ihr nicht weiter?«, fragte ich die Umstehenden.

»Na, weil… ick kann nich mehr«, gab einer kleinlaut zu.

Fassungslos blickte ich das zusammengesunkene Häufchen bunter Haare vor mir an.

»Das gibt's doch nicht, das ist ja wirklich erschütternd. Ich meine, wie lange spielen die denn schon?«, wandte ich mich an das direkt neben mir stehende Pubertätsbeispiel.

Es erwiderte mit einer Coolness, die Dirty Harry das Blut in den Adern gefrieren lassen würde: »Na, seit den frühen Achtzigern, das müssten Sie doch wissen!«

Pamm, das hatte gesessen! Verlegen zog ich die Lederjacke aus und gab die Nietenhalsbänder zurück, jedoch nicht ohne kurz darauf hinzuweisen, dass sie nicht mehr scheuern, schmiert man sie mit Melkfett ein. Ich hatte hier wohl wirklich nichts mehr zu suchen, wenn ich mich nicht der midlifecrisis-anfälligen Schar der Back-to-the-teenlife-Frauen zuordnen wollte. Ich klopfte dem Rechenmädchen kurz auf die Schulter und wandte mich zum Gehen.

»Hey, Alte!«, rief mir plötzlich der Stimmbruch hinterher.

Ich drehte mich um.

»Wenn ick mal so alt werde wie du, und wenn dann die Ärzte noch leben, geh ick ooch noch uffn Konzert. Du bist echt cool!« Er lächelte und winkte.

Ich glaubte meinen Ohren nicht zu trauen. Ein minderjähriges unterernährtes T-Shirt mit Kopf und Beinen dran hatte mich cool genannt! Ich ertappte mich dabei, so breit zu grinsen, dass meine Mundwinkel Gefahr liefen, sich am Hinterkopf die Hände schütteln zu können. Ich wollte etwas Ebenbürtiges zurückrufen, etwas wie »Punk is not dead!« oder »Revolution!«, ich hatte rebellische Gedanken, meinte plötzlich, etwas Weltbewegendes tun zu können, wollte Schwimmbäder befreien und im Wattenmeer freilassen, sagte aber stattdessen: »Na, dann schlaft mal gut und schönen Abend noch!«

Der Tag war mehr als nett zu Ende gegangen, und als ich dem Schaffner im Zug eine *Ritter Sport Vollmilch* zeigte, biss er nur fröhlich einmal ab und zwinkerte.

»Punk is not dead!«, flüsterte er, lüftete kurz seine Schirmmütze und ging ins nächste Abteil.

Polizisten

Wie heißt es schon in dem alten *Extrabreit*-Klassiker: »Sie rauchen Milde Sorte, weil das Leben ist schon hart genug.« Und das stimmt wohl. Polizisten haben es nicht leicht. Sie sind entweder immer schuld oder gar nicht, sie sind sowohl *Alarm für Cobra 11* als auch der *Bulle von Tölz*. Sie müssen schlechtsitzende Uniformen anziehen, in Farben, die niemandem zu Gesicht stehen, was die junge Generation durch modische Frisuren zu kompensieren versucht. In Köln sieht man neuerdings ganze Heerscharen der Streifenpolizei mit den Frisuren aus *Gute Zeiten, schlechte Zeiten* durch die Gegend laufen, aber den Körpern aus dem *Großstadtrevier*. Was sie alle sehr auszeichnet: Sie sind immer da, wenn man sie gerade nicht braucht.

Eines späteren Abends kam auch ich in den Genuss, den Hütern des Gesäßes ins Auge zu fallen. Auf dem Weg nach Hause radelte ich, wohlgemerkt nicht ohne ausführlich nach links und rechts zu gucken, bei Rot über eine kleine, wenig befahrene und in diesem Moment wirklich menschenleere Kreuzung. Leider hatte ich versäumt, auch nach vorne zu gucken, denn dann wäre mir bestimmt der Streifenwagen aufgefallen, der auf der anderen Seite am Straßenrand stand. So bemerkte ich ihn erst im Vorbeifahren, und während ich noch dachte: »Mist, Mist, Mist, oweia, die werden jetzt ja wohl wegen einer Lappalie nicht drehen!«, standen sie auch schon neben mir. Der Polizist auf dem Beifahrersitz, der aussah wie der uneheliche Sohn von Ottfried Fischer und allen schlimmen Soap-Schauspielerinnen zusammen, kurbelte das Fenster herunter und sagte drohend:

»Warum sind Sie über Rot gefahren, wo wir doch auch genau gegenüber standen!?«

Spürte ich eben noch ein Hauch schlechten Gewissens ob meiner Missetat, wurde ich jetzt leicht ungehalten. Meinem scheinbaren Freund und Helfer ging es wohl in erster Linie gar nicht darum, dass ich bei Rot über die Ampel gefahren war, sondern dass ich das Auge des Gesetzes übersehen hatte. Diagnose: verletzter Stolz wegen Autoritätsmissachtung, ganz klar.

Verletzter Stolz ist eine schlimme Sache und zeugt von zu wenig Selbstbewusstsein. Ich wollte psychologisch geschickt darauf eingehen, wollte dem Polizisten helfen, seinen Selbstwert zu steigern, wollte … aber es ging nicht. Der Unterton schien irgendeine andere Seite in mir wachzurufen. Ich sah ihm herausfordernd in die Augen.

»Warum? – Äh, weil … ich … ich muss dringend aufs Klo!«

Ha! Welch ein Geniestreich! Auch Otti Catterfeld schien sich zu wundern.

»Wie bitte?«

»Ich muss aufs Klo. Dringend. Sehr dringend.«

Der Polizist sah mich erst verständnislos und schließlich skeptisch an. Dann blitzte in seinen Augen etwas wie »Das könnten unterhaltsame Minuten werden, und die Schicht ist noch lang« auf, und er beugte sich in meine Richtung. Ich ahnte Schlimmes. Richtig, er hatte kombiniert.

»So langsam, wie Sie fahren, kann das ja nicht sehr dringend sein. Sie fahren ja so langsam, dass man Angst haben muss, Sie würden links oder rechts vom Fahrrad kippen!«

Also, wie unverschämt war das denn!? Ich holte tief Luft.

»Sie können sich ja wohl nicht anmaßen, die Dringlichkeit meines Bedürfnisses an meiner Fahrgeschwindigkeit zu messen! Ich weiß ja nicht, ob Sie diesen Zustand kennen, aber wenn man wirklich sehr dringend aufs Klo muss, dann kann man sich nicht mehr so schnell bewegen, weil man die ganze Muskelspannung dazu aufwenden muss, nicht in die Hose zu pinkeln. Was übrigens sehr bald passiert, wenn ich hier noch lange stehe!«

Eins zu eins. Er war perplex, aber er gab nicht auf.

»Jetzt hören Sie mal zu, junge Dame. Selbst wenn Sie zuviel getrunken haben, sollten Sie doch in der Lage sein, rechtzeitig zu wissen, wann Sie auf die Toilette müssen.«

Ha, das war kein Argument für mich!

»Ich habe überhaupt nicht zuviel getrunken, und ich weiß nicht, wie gut Sie Ihre persönlichen Bedürfnisse vorausplanen, aber ich bin vor fünfunddreißig Minuten losgefahren, und da wusste ich noch nicht, dass ich in vierunddreißig Minuten *sehr* dringend auf die Toilette muss! Was hätte ich tun sollen? Auf die Verkehrsinsel pinkeln!?«

Ich sah den bisher stumm gebliebenen Fahrer kichern, aber Otti Catterfeld war mit seiner Sprechrolle noch nicht fertig.

»Ja, aber...«

Ich ging erneut zum Angriff über, schließlich wohnte ich jetzt schon lange genug in Köln, um zu wissen, wie man Leute rundlabert.

»Oder hätte ich mich etwa in dem Park da vorne in die Büsche schlagen sollen? Ich bitte Sie, Herr Wachtmeister, ich bin jung, und man weiß doch nie, was da noch so in den Büschen hockt, da kann ich ja gleich alle Triebtäter Kölns zum Kaffeetrinken einladen! Ich geh' doch auch nicht mit dem frischen Steak in den Tigerkäfig und sage: ›Kümmert euch nicht um mich, Jungs, ich muss nur mal...‹«

Der Fahrer wischte sich heimlich die Lachtränen aus

den Augenwinkeln. Otti Catterfeld sackte in sich zusammen wie ein Preisboxer, der fehlerfrei das Einmaleins aufsagen soll.

»Na gut, das eine Mal drücken wir noch mal ein Auge zu«, nickte er väterlich, obwohl er nicht älter war als ich.

»Das ist sehr nett, vielen Dank. Jetzt muss ich aber auch los«, strahlte ich ihn an. Jawoll, gewonnen, aber das war knapp. Für die Zukunft habe ich jetzt immer, falls der Disput mal zu lange dauert oder ich rhetorisch nicht zu überzeugen weiß, einen mit Wasser gefüllten Luftballon in der Hosentasche. Das verdutzte Gesicht des Polizeibeamten wäre mir eine nasse Hose wirklich wert.

Ein Ausflug in die alltägliche Abnormalität gescheiterter Existenzen

Kennen Sie diese Tage, an denen Sie sich fühlen wie das Ergebnis der sexuellen Begegnung eines degenerierten Erdwurms und einer blinden Wanderratte? Meist ist dieses Gefühl das Resultat einer wieder grundlos durchzechten Nacht, nach der man zum ungezählten Male im stillen Kämmerlein Besserung gelobt. An solchen Tagen meinen Sie, Sie könnten sich nackt an Ihr hell beleuchtetes Schlafzimmerfenster stellen, doch Ihr voyeuristischer Nachbar von gegenüber wird, anstatt sein Fernglas herauszuholen, seine Gardinen zuziehen.

Voller Inbrunst das Ende der Welt erbittend, nähere ich mich dem Ende eines solchen Tages. Als ich mich gerade auf das Sofa werfen will, werde ich telefonisch von Anjita, der vertrautesten Person in meinem begrenzten sozialen Mikrokosmos, moralisch unter immensen Druck gesetzt und massiv zu einem gemeinsamen Ausgeh-Abend genötigt.

»Du hast es versprochen!«, krakeelt sie durch den Hörer in mein ohnehin noch vom Vorabend durch »betrunken an der Box eingeschlafen« gepeinigtes Ohr. »Ich hab auch 'ne echt tolle Überraschung! Los, sag ja!«

Das Angebot klingt auch wirklich königlich: Freikarten der *Tanzhölle* für ein Konzert der *Schlammfressenden Ghettogötter*, einer Glamour-Hardcore-Band mit Jazzeinlagen, der wir schon seit frühen Pubertätstagen als Fans der ersten Stunde frönen. Ich beginne mich schon fast auf den Abend zu freuen, vor allem, da klar ist, dass ich mich nicht länger von Rausch auslösenden Mitteln fernhalten muss, sondern mich guten Gewissens, ja quasi aus Pflichtgefühl, kopfüber an die nächste Jägermeisterflasche hängen kann. Nüchtern auf einem Schlammfresserkonzert zu erscheinen, nehmen die Jungs als persönliche Beleidigung auf, und ich wollte bestimmt nicht den Unmut des attraktiven, ganzkörpertätowierten Leadschreiers Exe auf mich ziehen.

An der *Tanzhölle* angekommen, die etwas außerhalb der Stadt liegt, weckt als Erstes eines meine Aufmerksamkeit: das gänzliche Fehlen lauten Gegröles auf dem Parkplatz, ein normalerweise übliches Szenario vor einem Schlammfresserkonzert. Auch finde ich keine sich mit nacktem Oberkörper in den Scherben von Wodka-, Whisky- oder Tequilaflaschen wälzenden und über Dosenbierstapeln hinweg pogenden, gehirnamputierten Semipunkrocker – kurz: Es ist niemand da, den ich zu meinen guten Freunden zähle.

Nach dem Betreten des geschmacklos verspiegelten und bunten Ladens stößt meine Freundin und Unheilbringerin Anjita, die bereits vorweg zur Kasse geschritten war, ein schrilles Kreischen aus und teilt mir die soeben vernommene Hiobsbotschaft mit: Wir sind nicht in der *Tanzhölle*, sondern in der *Tanzmühle* gelandet. Die *Tanzhölle* befindet sich schlappe 170 Kilometer entfernt in entgegengesetzter Richtung, und unser Tank ist leer. Kurz bevor auch ich weinend zusammenbreche, macht uns die aknevernarbte Föhnfrisur von der Kasse, die uns jetzt mit den zitternden Wimpern eines Mastkalbs auf den letzten Metern zur Schlachtbank ansieht, scheu lächelnd das Angebot, dass wir zwei Hübschen doch auch hier 'ne flotte Sohle aufs Parkett legen könnten, er gäbe uns den Eintritt und ein paar Getränke frei.

Nach einem kurzen Blick, einem synchronen Schulterzucken und der Tatsache, dass wir weder Geld noch Lust für weitere 170 Kilometer haben, fügen wir uns in unser noch unbekanntes Schicksal. Natürlich durchschauen wir das Angebot des Jünglings fast sofort, denn es herrscht Männerüberschuss der schlimmsten Art. Auf der linken Seite der Tanzfläche befinden sich lauter unerotisch, aber massiv mit den Hüften zuckende Seitenscheitel- und Schnäuzerträger, auf der rechten Seite eine in Schalke- und Deutschlandtrikots gewandete Dorffußballmannschaft, die sich lauthals mit dem nachmittäglichen Spielverlauf ihrer favorisierten Mannschaft auseinandersetzt.

Das ganze Szenario weckt Heimatgefühle nach dem Dorf meiner Kindheit in mir, rührt mein Herz und will mich schon wieder fast einen Hauch heiter stimmen, als ich wieder etwas Gravierendes bemerke: Es sind nicht nur wenig Frauen in dem Laden, sondern gar keine. Und als ob sich sämtliche Kleinhirne aller Anwesenden auf Aus gestellt und auf puren Instinkt umprogrammiert hätten, dreht sich nach und nach jedes dieser individuellen Schreckensbeispiele zu uns um.

Sie haben die Witterung aufgenommen.

Ich drehe mich um, doch der Fluchtweg ist bereits versperrt. Die ersten Anwärter nahen schon. Sie stammen aus der Trikotkurve, und sie sind gerüstet, denn sie haben direkt zwei Bier für uns mitgebracht.

»Na, ihr Puppen…!«, grüßt der eine lässig.

»Na, du Kasper«, grüßt Anjita lässiger zurück, nimmt ihm beide Biere aus der Hand und lächelt ihn entwaffnend an, während ich dasselbe bei dem anderen vornehme.

Wir stoßen an und kippen die vier Pils auf ex. So langsam komme ich in Form und gewinne dem bisherigen Verlauf zumindest vom Preis-Leistungs-Verhältnis etwas Positives ab. Die beiden Söhne Schalkes sind zunächst etwas verblüfft, aber durchaus nicht abgeschreckt, sondern eher beeindruckt.

»Mann, Mann, Mann, die schlucken ja wie die Großen!«, schwärmt der eine.

»Mann, Mann, Mann, das Trikot kann sprechen«, entgegne ich ihm.

Die Fronten sind geklärt, und wir stellen in einem Dialog aus kurzen Sätzen mit rudimentärem Wortschatz fest, dass Punkrock und Fußball sich von der Praktizierung des Fanseins nicht sonderlich unterscheiden. So geeint, beugt sich Manni, der vorwiegend mir Zugetane, vertraulich an mein Ohr und schmeichelt: »Du bist so wunderschön geschminkt!«

»Na toll, mit anderen Worten: ›Wenn du die Schmiere nicht in der Fresse hättest, sähst du echt scheiße aus, Baby!‹, oder was!?«, schnauze ich ihn an.

Ich weiß, dass es vermutlich nicht so gemeint ist, aber ich vertrete den Standpunkt, man muss Männer zu ordentlichen Komplimenten erziehen.

»Hä? Tickst du noch!? Da will man mal nett sein …«, schwirrt er beleidigt ab.

Okay, ist hier wohl nicht weit her mit großen Erziehungszielen. Ich erinnere mich nostalgisch an bessere Zeiten. Konrad, der mir eines Abends im Auto gestand: »Dagmar, ich fühle mich dir so nahe, ehrlich, ich habe das dringende Bedürfnis, dich in den Schwitzkasten zu nehmen.«

Ach ja, Konrad.

In diesem Moment wagt der Fußballer einen zweiten Vorstoß, er stürmt voran, bleibt jedoch mit der Aussage: »Nee, jetzt mal ehrlich, dein Gesicht ist so makellos, also so vom Ausdruck her, nicht von der Haut!« weiterhin im Abseits.

Anjita scheint sich köstlich zu amüsieren. Sie bringt ihrem Bierspender gerade den Refrain von »Wir sind die Schlammfresser, es lebe der Schmock!« bei, und er stellt sich dabei gar nicht mal ungeschickt an.

Ich suche den Weg zum Klo und werde dabei von circa hundertzwanzig Augenpaaren nicht eben dezent verfolgt, doch ich möchte immerhin zwölfen davon zugutehalten, dass sie mir auch mal kurz ins Gesicht schauen.

Auf dem Rückweg stolpere ich über etwas, das ich für einen Haufen achtlos übereinandergeworfener Jacken halte, als sich dieser Stapel bewegt. Aus den Lumpen formt sich eine menschliche Gestalt, die noch im Sitzen schwankt und deren grünblauer Irokesenschnitt auch schon bessere Tage gesehen hat. Es ist Kalle. Er sieht und erkennt mich sogar und nuschelt weinerlich: »Dagmar, dassis garnich die *Tansshölle* hier!«

Natürlich. Außer uns konnte es nur Kalle fertigbringen, sich in den total falschen Laden zu verirren. Ich hocke mich neben ihn und greife nach der 2,5-l-Flasche »Punkertraum«, eine von Kalles eigenen hochprozentigen Kreationen, von denen man nicht wirklich wissen möchte, woraus sie besteht. Ich wundere mich auch schon nicht mehr darüber, wie Kalle dieses Ungetüm an den Türstehern vorbeigeschmuggelt hat, schließlich ist es schon wundersam genug, dass Kalle selber hier sitzt. Kalle besitzt manchmal die Fähigkeit eines Schimmelpilzes, sich heimlich, still und unaufhaltsam auch an noch so ungewöhnlichen Orten plötzlich zu materialisieren.

»Dass das nicht die *Tanzhölle* ist, haben wir auch schon erkannt, Schatz!«, grinse ich ihn an.

»Siehste, wir ham so viel gemeinsam, dassis Schiggsal!«, behauptet Kalle und rammt mir kokett freundschaftlich den Ellenbogen in die Rippen. »Überhaupt is alles Schiggsal. Wenn heut die Schlammfresser hier wärn, würdste doch wieder nur Exe anhimmeln, und der is doch gar nix für dich und knutscht mit jeder, und hinnerher biste wieder traurig. Mit mir passiert dir sowas nich, ich... ich würd' dir nochn Luftröhrenschnitt machen, wennde dich beim Kotzen verschluckst, un' ich würd' dich auch noch intubieren, wennde fünfensechzich bist, jawoll! Auch wennde heut wieder so'n Ding anhast, wat ich mir noch nich ma als Gardine aufhängen würde, un auch, wennde denkst, jaja, der kleine Kalle... – egal! Ich würd' dir trotssdem den Magen auspumpen, jederzeit!«

Er nickt bekräftigend und stößt sich dabei das Kinn am Kopf seines Schäferhundmischlings Lenin, der sich neben Kalle unter dessen Rucksack hervorschält. Ist Kalle der Schimmelpilz, ist Lenin das Silberfischchen. Gerührt blicke ich von Kalle zu Lenin und begreife, dass jedes seiner Worte nicht nur wirklich so gemeint, sondern auch wahr ist.

Plötzlich schäme ich mich meiner heimlichen Arroganz, ihn zwar immer ehrlich gemocht, aber nie wirklich ernst genommen zu haben. Genauso wie ich die Mannis und Konrads dieser Welt nie ernst genommen habe, sondern mich lediglich darüber mokierte, dass sie nicht die richtige Wortwahl beim Preisen meiner Person getroffen hatten. Anstatt den Mut zu honorieren, den es bedarf, sich auf unbekanntes Terrain zu wagen und Blumensträuße aus dem Schützengraben zu werfen, habe ich bisher stets nur bemängelt, dass mir Rosen lieber als Margeriten gewesen wären, wahlweise auch umgekehrt.

In diesem Moment registriere ich Kalle als die schönste Sonnenblume weit und breit. Ich stehe auf, gehe in den Diskoraum, um Manni, seinem Kumpel und Anjita drei große *Manhattan* auszugeben, hole für Kalle, Lenin und mich noch drei Bier und hüpfe dann anschließend mit beiden auf dem Parkplatz zu Leonard Cohens »Halleluja« herum, das aus Anjitas Autoradio schallt, und erfreue mich meines Lebens, in dem alles anders kommt, als man denkt, und in dem nichts ist, wie es zu sein scheint, egal, was einem versprochen wird – oder auch nicht.

True Romance

Ich sitze auf meinem Bett und sortiere die Männergeschichten des letzten Jahres nach Alphabet und psychischen Störungen. Immerhin ein »O« und zwei paranoide Depressionen – kleine Highlights neben den üblichen obdachlosen Pseudo-Rockstars. Ich überlege, wie es dazu kommen konnte, und erinnere mich an früher…

Rückblickend kommt es mir so vor, als hätte ich alle Liebeleien meiner Jugend an einem Samstagabend kennengelernt. Ich meine, wann auch sonst? In der Woche war Schule, und die Jungs, die ich interessant fand, hatten mit Schule nichts oder nur sporadisch zu tun. Samstagabend war der Abend, an dem man in die weite Welt der Erwachsenen hineinschnupperte. Meine Freundin Sammy und ich wagten uns zunächst nur auf den Marktplatz, weil der in der Dorfmitte lag und somit zwangsläufig die meisten Menschen hier vorbeikommen mussten. Uns quälte die Frage, was andere

Mädchen und vor allem auch Jungs taten, wenn sie »Wetten dass?« und Chips mit den Eltern nicht mehr ausreichend beschäftigte. Die logische Antwort war: Sie fingen etwas miteinander an. Aber was genau, war uns noch unklar.

Bis ich fünfzehn war, beliefen sich meine Vorstellungen von Romantik im Großen und Ganzen auf zwei Phantasien. Die erste handelte natürlich von einem Prinzen, der auf seinem schwarzen Pferd an meinem Reiterhof vorbeigeritten kommt und so was sagt wie: »Du bist so toll, ich kauf' dir auch ein Pferd!«

Die zweite war wesentlich konkreter und hatte mit Olaf aus der Parallelklasse zu tun. Immer, wenn ich seine tollen braunen Augen sah, verfiel ich automatisch in eine Art Halbkoma und schwelgte in kitschigen Zeitlupenbildern, in denen wir auf einer Blumenwiese aufeinanderzuliefen, ich im Rüschenkleid mit Blumenkranz und allem, was dazugehört.

Beide Phantasien sind nie wahr geworden, letztere zum Glück nicht, denn im Rüschenkleid sah ich schon immer total bescheuert aus. Trotzdem dachte ich mir, zu Liebe und Romantik gehört auf jeden Fall, sozusagen als Indikator, ein Prinz oder wenigstens eine Blumenwiese dazu, aber all das wandelte sich sehr schnell, als ich dann sechzehn geworden war, auf dem Marktplatz mit Sammy Frisbee spielte und dabei Olli traf. Am Hinterkopf.

Erst fluchte er, sah mich dann aber grinsend an und

sagte: »Kannst ja Sonntag auf 'n Platz zum Fußball kommen! Gib'n Bier aus, und die Sache ist gegessen!«

Zwar fand ich die Wortwahl etwas unpassend, dachte aber, einen schöneren Ort für eine erste Verabredung könnte es nicht geben, und schließlich war auch eine Wiese mit im Spiel.

Als er in der ersten Halbzeit zunächst zwei Gegner böse grätschte und einem anderen dann beim Köpfen das Nasenbein brach, bevor er selbst zusammengekloppt wurde, war ich sehr beeindruckt. Ich lief bestürzt zu der Trage, auf der er vom Spielfeld transportiert wurde, und er flüsterte mir zu: »Haste gesehen, wie ich die plattgemacht habe? Das hab' ich nur für dich getan!«

Ich dachte, das ist also die wahre Romantik, und war mir sicher, dass wir den Rest unseres Lebens zusammen verbringen würden. Nach zwei Monaten wusste ich es besser. Olli schlug keine Leute mehr für mich, sondern nur noch zu seinem Spaß zusammen, und ich fand Fußball ja eigentlich sowieso doof.

Als meine ältere Freundin Sue mich kurz darauf in die nächstgrößere Stadt mitnahm und in den verrufensten Disko-Schuppen der Region entführte, erschloss sich mir eine völlig neue Welt. Das *Glory Monkey* war ein Laden, wie ich ihn mir immer gewünscht hätte, hätte ich geahnt, dass es so etwas gibt. Schon vor dem Eingang, beim bloßen Einatmen, glitt man in andere Bewusstseinssphären, so rauchgeschwängert war die Luft. Selbst wenn uns die Musik nicht gefallen hätte, wären wir ins *Monkey* gefahren, denn das *Monkey* klang gefährlich und verrucht. Wir wussten nicht genau, was das bedeutete, aber wir wollten es verdammt noch mal auch sein.

Aus den Boxen dröhnten finstere Bässe, Menschen sangen von dunklen Sternen und Gottes Tod, und die Tanzfläche glich dem Aufenthaltsraum eines Kostümfilm-Castings für *Tanz der Vampire*, wobei die Hälfte der Anwesenden die majestätische Ausstrahlung einer angeschossenen Fledermaus zeigte. Ich war fasziniert und gleichzeitig sehr verschüchtert, kam ich mir in meiner blauen Jeans doch vor wie ein Frischkonfirmand. Ich drückte mich in einer Ecke herum und trank Bier, das konnte ich immerhin schon.

Plötzlich sprach mich jemand an. Vom Aussehen her konnte man nicht eindeutig feststellen, ob es ein Mann oder eine Frau war, ich sah nur schwarz geschminkte Augen hinter einem Vorhang wild toupierter schwarzer Haare hervorblitzen.

»Na, erste Mal hier, wa?«, fragte es mit eher männlicher Stimme.

Ich nickte, immer noch schüchtern.

»Hier, haste noch'n Bier, werd erst mal locker! Und dann gehen wir tanzen! Meine Mutter hat Krebs, ich muss mich heute Abend besaufen!«

Er leerte sein Bier in einem Zug, aber noch bevor es leer war, war ich in ihn verknallt. Er sagte, er heiße

Rocco, und ich war sofort noch verknallter. Ich hatte noch nie jemanden gekannt, der Rocco hieß! Und dann noch so eine tragische Familiengeschichte! Er musste unglaublich cool sein oder schon siebzehn. Er gab mir ein zweites Bier aus und beriet mich in meinem Kleidungsstil. Ich glaubte ihm.

Wenn ich etwas tat, tat ich es richtig. Ich färbte also von heute auf morgen alle meine Sachen schwarz, auch Schlafanzüge, färbte meine Haare wasserstoffblond, verbrauchte Unmengen an schwarzem Kajal und nebelte ganze Straßenzüge mit Patchouli-Wolken ein. Meine Eltern schwankten zwischen der Angst, ich sei einer okkulten Sekte beigetreten, und der Scham, ihre Tochter angemalt wie der schimmelnde Tod durch die Gegend laufen zu sehen. Natürlich sah ich scheiße aus, aber mit sechzehn will man von seinen Eltern nicht unbedingt Ratschläge hören wie: »Wenn du weiterhin so herumrennst, kannst du dir eine Banklehre abschminken!« Offensichtlich hatte meine Mutter einige Details meines Lebensgefühls nicht richtig verstanden, zum Beispiel dass ich NIE, und zu dem Zeitpunkt schon gar nicht, vorhatte, jemals etwas anderes in einer Bank zu tun als Geld abzuheben. Verbissen suhlte ich mich in meinem Unverstandensein, während ich den wöchentlichen Putzplan zu Hause abarbeitete. Denn leider waren wir sehr auf die Gunst meiner Eltern angewiesen, die uns ständig hin und her fahren mussten, weil Roccos Heimatdorf von meinem aus mittels öffentlicher Verkehrsmittel nur sehr schwierig zu erreichen war. Eine solche Abhängigkeit macht die Rebellion zu Hause schwer. Ich konnte immer nur in Etappen aufbegehren, niemals dann, wenn ich abends noch irgendwo hingebracht werden wollte, und auch nur so frech, dass sie es auf die Pubertät und nicht etwa »meinen neuen Umgang« schieben konnten. Was sehr schwierig war, denn »mein neuer Umgang« benahm sich abwechselnd schlimm oder noch schlimmer.

Rocco war launisch, rücksichtslos und Hypochonder. Immer, wenn wir uns stritten und ich mit Schlussmachen drohte, erfand er eine neue Krankheit, deretwegen ich ihn auf gar keinen Fall verlassen konnte. Bald schon stellte sich auch die Krebserkrankung seiner Mutter als Finte heraus, und als uns auch das Wir-beide-gegen-den-Rest-der-Welt-außer-meine-Eltern-Gefühl nicht mehr zusammenhielt, konnte mich auch der vorgetäuschte Herzfehler nicht davon abhalten, ihn doch zu verlassen.

Meine Mutter führte heimlich Freudentänze auf, doch immerhin blieb ich meinem neuen Outfit und meiner neuen Szene treu; nach wie vor faszinierte mich die düstere Melancholie, die den Menschen und der Musik zugrunde lag.

Mein neues Weltbild brach zusammen, als ich eins meiner größten Vorbilder in Sachen schwarzer Schock-ästhetik montagmittags bei Karstadt in der Platten-abteilung traf. Ich hatte mir gerade eine *Dead-Can-*

Dance-Platte gekauft, als er in blauer Jeans, rotem Pulli und mit einer *New-Kids-On-The-Block*-Platte in der Hand hinter mich trat. Ich sah ihn fassungslos an, er kannte mich, wenn überhaupt, nur vom Sehen, wurde jedoch puterrot und stotterte: »Die is f-f-für meinen B-bruder, ähäm!«

Enttäuscht wandte ich mich ab. Ein Blender! Dann sind die wohl alle so, dachte ich mir in jugendlichem Schwarz-Weiß-Denken und wollte mit der ganzen Gruftie-Sache ab sofort nichts mehr zu tun haben.

Ich stiefelte also weiterhin in meinen schwarzen Klamotten herum, ließ aber eine gesündere Gesichtsfarbe zu und lachte wieder, auch in der Öffentlichkeit. Meine Mutter ging auf den Kompromiss ein, indem sie mir sogar ab und zu einen schwarzen Pullover mitbrachte. Mit Strassbärchen darauf.

»Aber er ist doch schwarz«, verteidigte sie ihre Wahl.

Mütter sind in einem gewissen Alter eben genauso geschmacksresistent wie pubertierende Töchter. Als ich sechzehn war, sagte sie: »Wie siehst du denn aus? So kannst du herumlaufen, wenn du zwanzig bist!« Und als ich genau das tat, als ich zwanzig war, war sie sich nicht zu schade zu sagen: »Wie siehst du denn aus? Du bist doch keine sechzehn mehr!«

Wahrscheinlich ist das auch ein Grund dafür, dass ich noch heute unsicher bin, welches das richtige Benehmen für mein Alter ist. Jedenfalls hab' ich heute mit Romantik nichts mehr am Hut und glaube, dass nur die Frauen oder Männer davon betroffen sind, mit denen man sowieso niemals romantisch verbunden sein will. Oder warum sonst stecken einem immer nur die hässlichen Freunde des Mannes, den man toll findet, selbstgereimte Gedichte an den Fahrradlenker? Anonym natürlich, aber dann auch noch so ungeschickt, dass man sich gar keinen falschen Illusionen hingeben kann, sondern sofort weiß, um wen es sich handelt. Gut, man kann schließlich nicht erwarten, dass sich auch ein Mann nach der ersten Nacht Gedanken darüber macht, was er einem in den Adventskalender packen könnte, auch wenn es erst Juni ist.

Und eigentlich ist es auch wirklich albern, weiche Knie zu kriegen, nur weil man jemanden sieht, der strahlend einen Strauß Sonnenblumen kauft, die fünfundsiebzigjährige Blumenverkäuferin übermütig auf die Wange küsst und sagt: »Wissen Sie, dieser Strauß ist für die zauberhafteste Frau auf der Welt«, und wenn man dann denkt, dieser Mensch könnte sogar schnarchen oder gestreifte Tangas tragen, es wäre egal, wenn er nur dir diese Blumen kaufen würde… so etwas zu denken ist wirklich albern.

Ich sitze auf dem Bett und sortiere die Männergeschichten meines Lebens nach Alphabet und psychischen Störungen und ertappe mich dabei, dass ich mir wünsche, einer Religion mit Reinkarnationsglauben anzugehören, denn das würde bedeuten, dass ich a) wiedergeboren werde und dann vielleicht alles besser wird und vor allem b) ich bestimmt schon einmal gelebt habe und angesichts dessen, was ich jetzt noch an Karma aufzuarbeiten habe, zumindest in meinen letzten Leben offensichtlich ordentlich einen draufgemacht habe. Ich versuche mir einzureden, dass ich sowohl Mata Hari als auch Jack the Ripper und Giacomo Casanova war, und der Gedanke tröstet mich irgendwie. Wer es mit solcherlei Leben aufgenommen hat, den werden ein paar irre Fußballer und der ein oder andere schizoide Randgruppen-Womanizer nicht so schnell umhauen. Hoffe ich.

Geheimgesellschaften

Zugegeben, manchmal bin ich ein bisschen paranoid. Aus heiterem Himmel stelle ich dann aus dem geringsten Anlass die gesamte Weltordnung in Frage. Andererseits: Wer sagt eigentlich, dass ich paranoid bin, könnte es nicht genauso gut sein, dass ich die Einzige bin, die die absolute Wahrheit erkennt, und alle anderen schlummern in der bequemen Ahnungslosigkeit ihres Daseins? Immer und immer wieder muss ich mir selbst die Frage stellen: Kläre ich die Welt auf oder gehe ich mit ihr unter ...?

Ich sitze auf dem Badewannenrand und knipse meine Fußnägel, als ich plötzlich erschrocken innehalte. Warum liegen in meinem Badezimmer genauso viele Fliesen wie in meinem Flur, obwohl das Badezimmer viel kleiner ist? Und alle sind sie gleichmäßig in eine Richtung ausgelegt, vermutlich Osten, da zeigt ja immer alles hin, aus religiösen oder politischen Gründen oder beidem. Ist es wirklich nur Zufall?

Ich zähle vorsorglich noch einmal nach, es sind dreiundzwanzig.

Dreiundzwanzig!

Da gab's doch diesen einen Film ... mit diesen Sekten oder so ...

Und plötzlich ist alles sonnenklar: Geheimgesellschaften! Diese Untergrundorganisationen, in denen Menschen aus den höchsten Positionen vertreten sind, um die Weltherrschaft zu erlangen! Und ich hab' dreiundzwanzig Fliesen, also eigentlich sechsundvierzig. Wenn man die Zahl umkehrt, sind das vierundsechzig. Vierundsechzig ist ja acht mal acht, und die Acht ist ja das umgedrehte Symbol für unendlich. Das kann doch kein Zufall sein!

Hatte meine Vormieterin nicht erwähnt, sie sei Redakteurin bei einer nicht unbekannten Zeitung? Und hatte sie nicht eigentlich vor, sich noch einmal zu melden, wenn ihr Umzug gelaufen ist? Hat sie nie getan! Na, warum wohl nicht!? Vielleicht sollte ich mal Nachforschungen anstellen. Vielleicht ist sie ja noch am Leben – obwohl: Meistens machen sie ja kurzen Prozess, wenn jemand zuviel weiß, das hört man ja immer wieder.

Vielleicht werde ich ja auch schon beschattet. Und schon die ganze Zeit subtil beeinflusst. Warum hängt nur noch vor meinem Haus diese komische Werbung »Mit dem Zweiten sieht man besser«? Und wer soll, bitte schön, der Zweite sein?

Oder dann immer die doppelt eingeworfenen Zeitungen, wo ich doch alleine wohne! Die wollen mich fertigmachen, ganz bestimmt! Mir einreden, dass ich schizophren bin! Weil ich die Einzige bin, die sie erkannt hat!

Oder dieser Tick, dass ich manchmal nicht auf die Fugen der Pflastersteine auf den Gehwegen treten will. Genauso wie die ständige Frage, gerade, wenn ich die Haustür abgeschlossen habe: »Ist der Herd auch wirklich aus?« Und später, gerade, wenn ich auf der Straße bin: »Hab' ich auch wirklich abgeschlossen?«

Bin ich ein Versuchsobjekt für eine Wahrheitsdroge, vermutlich klammheimlich in der Dönerbude nebenan in den Ayran gerührt? Vielleicht sind schon hochentwickelte Abhörgeräte in meine roten Glücksbringersocken eingenäht, die ich immer bei wichtigen Gelegenheiten trage. Wenn ich mal schnell den Müll hinausbringe, schließe ich die Tür zwar immer ab, zweimal sogar, und die Fenster mache ich auch immer zu, obwohl ich im zweiten Stock wohne, aber so was hält ja die Spezialisten nicht auf. Man kann ja keinem mehr trauen! Am allerwenigsten Kindern! Oder haben Sie noch nie gehört, was die sich so erzählen, wenn man glaubt, die spielen so schön für sich alleine? Da wird doch keiner draus schlau! Und dann kichern die auch noch immer, obwohl das gar nicht witzig ist! Da steckt doch was dahinter!

Ich jedenfalls geh' heute nicht mehr raus, und Radio hör' ich auch nicht mehr. Ich muss jetzt erst einmal das Implantat aus meiner Wirbelsäule kriegen, das mir die Außerirdischen eingepflanzt haben. Und dann denk' ich noch ein bisschen nach, wie ich die Welt retten kann. Einer muss es ja machen.

P.S. Haben Sie sich eigentlich schon mal Gedanken darüber gemacht, was die komischen Zahlenergebnisse im Pippi-Langstrumpf-Lied bedeuten? Nein? Sollten Sie aber mal!

Taxifahrt

Ich wollte nicht auch noch in die U-Bahn. Schließlich hatte ich gerade erst zwei Stunden in einem völlig überfüllten und verschwitzten Zugabteil verbracht, auf einem Bein und mit dem Kopf unter zwei fremden Achselhöhlen stehend, nur an eine marode Gepäckablage geklammert. Ich hätte diese allerdings auch ruhig loslassen können. All die Menschen im ICE von Oberhausen nach Köln waren so kompakt in den einzigen Zugteil gepresst, dass ein Stellungswechsel nur mit Hilfe eines geschickt eingesetzten Brecheisens möglich gewesen wäre.

Nachdem diese organische Plastik am Hauptbahnhof Köln durch tätliches Eingreifen der Schaffner langsam zerbröckelt war, gönnte ich mir ein Taxi, um ungestört nach Hause, endlich nach Hause zu gelangen.

Doch ich sitze noch keine Minute im Taxi, da strahlt mich der Fahrer unter seinem gewaltigen schwarzen Schnäuzer an: »Morrgän wird Wätter bässär!«

Nein, kein Smalltalk, bitte kein Smalltalk, denke ich. Natürlich könnte ich an dieser Stelle auch einfach sagen: »Hören Sie zu, ich bin müde und genervt, mir ist es scheißegal, wie das Wetter morgen wird. Ich geh' morgen nicht mal raus. Ich bin froh, wenn ich zu Hause bin, und deshalb bleib' ich dort, also labern Sie mich nicht voll!«

Eine Aussage von unwiderlegbarer Logik und Schlagfertigkeit, ehrlich, aufrichtig, geradeheraus. Stattdessen antworte ich freundlich:

»Mhmhm, schön!«

Stille. Immerhin, er scheint es kapiert zu haben.

»Hoite war Wätter nichut. Uhnd das mit den Steueräffärre isauch schlimm.«

Ich schweige so ausdrucksstark, wie ich kann. Er guckt mich ungefähr zehn Sekunden lang durchdringend an, schweigt aber auch. Na bitte!

Im Schneckentempo kämpfen wir uns durch den Feierabendverkehr auf der Subbelrather Straße. Wir schweigen beide. Ich zufrieden, er irgendwie. Als wir den Grüngürtel passieren, schaut er aus dem Fenster und sagt unvermittelt: »Guck da! Da binich fruher imma johggen gegangen. Jäden Tack. Seitich Taxi fahre nix mähr. Jätz habich ssäähn Kilo ssugenommen, ich bin dieck, ich laufe nur noch ssäähn Mätter am Tag, von Taxi in Wohnzimmärr in die Küche und ssurück. Nur essen, schlafen, taxifahrren, dabei laufe ich gärrne. Aber ichmachnichtmehr, früherr jedes Tag, aber da hab ich auch noch studiert, Medizin, ich wolltä ja was Vernunftiges machen, und jätz fahr ich Taxi und bin dieck. Warrrum?«

Oh, Mann, der Typ hatte offensichtlich einen schlimmeren Tag als ich im ICE. Aber klar: Taxifahren ist ja auch irgendwie ein Scheißjob.

Er dreht sich zu mir um, schaut mich kurz an und dann direkt an mir vorbei.

»Frrüher, bei uns in Teherran«, legt er wieder los, »habich von mein Zimmer aus die Bärrge gesähen. Da warichoft als Kind, mirr liegt das Bärrgsteigen in Blut, aber dann ist mein Muhtter in den Bärrgen erschossen worden.«

Okay, der Typ hatte wahrscheinlich schlimmere Jahre als ich im ICE.

»Zum Johggen hat michiemmer ein Froind abgeholt, jäden Morrgen, aber dann hat seine Froindin ihn värrlassen, und dann hat err sich erhängt. Wie sollich dänn jätz noch joggen gehen, so ganzalleine?«

Ich versuche, zuversichtlich zu lächeln.

»Mann, Sie sollten mal einen Tag ICE fahren, um ein bisschen Spaß zu haben«, schlage ich ihm vor.

Er sieht mich an, als sei ich nicht ganz dicht.

»'tschuldigung, war nur'n Witz. Aber warum nicht doch mal wieder joggen gehen?«

Er guckt, als würde er Leuten, die nicht ganz dicht seien, serienmäßig voll auf die Fresse hauen. Aber ich muss jetzt dranbleiben. Also setze ich nach:

»Ich meine, Sie dürfen nicht nachdenken. Sie müssen es einfach tun. Je länger Sie nachdenken, desto schwieriger wird es, einfach loszulaufen, weil man sich tausend Gründe ausdenkt, warum es jetzt gerade nicht geht. Sie müssen raus aus dem Taxi und einfach machen!«

Erstaunt schaut er mich an.

»Niecht nachdenken ... einfach maachen ... ja. Ja, das ist es! Ich dänke zuviel nach, der ganze Tag dänkich nach, immer, immer dänkich nach, das ist schläächt! Ich sollte einfach maachen, nicht überlegen wie, einfach maachen! Vom Hochhaus oder von 'ner Brrücke, ganz egal, einfach maachen!«

»Wie bitte!?«

Ich bin mir nicht sicher, wer von uns beiden da jetzt etwas missverstanden hat.

»Na, mich uhmbringen! Ich denk' schon so lange drüber nach. Ich mein', ichhabdoch eh kein Leben mehr, nur noch Ässenund Taxifahrren, ich bin dieck undann värrsuche ich, ein biesschen mit meine Fahrgäste zu plaudern, und die sitzen nur da und denken ›was fürein arme Tüp, Taxifahrren ist doch eine Scheißjob!‹.«

Ich zucke zusammen. »Also Entschuldigung, das hab' ich nicht gedacht!«

»Haben Sie woohl!«

»Aber ich hab's nicht so gemeint, und selbst wenn, das ist doch kein Grund, sich umzubringen! Machen Sie doch keinen Scheiß, überlegen Sie doch mal!«

»Ich dachte, das sohll ich niecht!«

»Ja, beim Joggen nicht, aber sonst schon!«

»Aaach, Sie glauben doch sälber nicht an der Mist, den Sie erzählen!«

Langsam werde ich sauer.

»Darum geht's doch jetzt gar nicht, Sie sollen sich bloß nicht umbringen!«

»Und wieso nich? Ich hab' Ihnen ja noch gar niecht von meine Brruder erzählt! Wissen Sie, was meine Brruder passiert ist? Der wurde in eine Baumarkt von eine Palette Düngärr erschlagen. Aus dem obärsten Rrägal, war schlächt gestapelt, ist ihn auf den Kopf gefallen, da war dirrekt kaputt! Dassis doch nich schön!«

»Aber wenn Sie vom Hochhaus springen, sehen Sie am Ende genauso aus«, gebe ich zu bedenken.

»Ach, Sie! Sie wollen doch nur nicht, dassichmir umbrringe, damit Sie kein schlechte Gewiessen haben müssen«, zickt er zurück.

»Wieso sollte ich ein schlechtes Gewissen haben? Ich kenne Sie doch gar nicht!«, zicke ich nun auch.

»Sie? Sie wissen über meine Muhtter Bäscheid. Und über mein Frreund. Und sogar die peinliche Sache mit mein Brruder, das weiß sonst keiner. Sie kennen misch quasi bässerr als jeder anderrre!«

Er nickt zufrieden. Ich fasse es nicht.

»Aber Sie kennen mich doch gar nicht, Sie haben mich einfach vollgequatscht ...«

»Sie hätten ja auch rreden können, aber Sie wollten

ja nich. Wahrscheinlich, weil ich nur eine dicke Taxi-fahrer bin ...«

Jetzt ist er nicht mehr zufrieden, sondern beleidigt.

»Ach herrje, jetzt übertreiben Sie doch nicht so, Sie sind doch gar nicht so dick!«, versuche ich ihn zu be-sänftigen.

»Gäbben Sie sich keine Mühe, ich hab' schon verr-standen! Ich brring Sie jetzt nach Hause, dann mach' ich Feierabend, undann brring' ich mich um!«

Er schnauft bestätigend.

»Hey, Mann, aber ... aber das geht doch nicht!«

Wir sind unterdessen an meiner Haustür angekom-men. Er guckt. Ich gucke. Er guckt länger und für ei-nen Selbstmordkandidaten sehr entschlossen.

Okay, ich gebe auf.

»Und wenn ich jetzt mit Ihnen joggen gehe?«, höre ich mich sagen. »Ich hole nur kurz meine Klamotten, und dann gehen wir, und danach können Sie sich ja immer noch umbringen, wenn Sie unbedingt wollen!«

»Das würrden Sie tuhn?«

Für einen Augenblick vergisst er, beleidigt zu sein.

»Ja, ausnahmsweise«, erwidere ich. »Aber ich hol' Sie nicht jeden Morgen ab ...!«

Er grinst.

»Also ... ähem ... also eigentlich wollte ich mich ja gar nicht umbringen. Ich hab' mir nur gedacht, dass Sie bästiemmt eine Scheißtag hatten, und ich dachte, ich bring' Sie mal auf andere Gädanken ...«

»Wie bitte? Indem Sie mir was von Selbstmord erzählen?!«

»Nuja, seien Sie doch mal ährlich: In Vergleich mit meine Scheißleben haben Sie sich doch gerade riechtig gut gefühlt, oder?«

»Wie, der Rest stimmte alles?!«

»Quatsch, nur dassich lange nichmehr joggen war. Aber ichhabauch gar kein Bock auf Joggen. Ich gäh lieba boxen mit mein Sohn. Supertüp!«

Er grinst noch breiter.

»Aber ichmach mir mein Alltag gern ein biesschen intäressanter. Ichmein, Taxifahren ist halt'n Scheißjob! So, fünf Euro, weil Sie es sind. Schönabendnoch.«

Ich steige aus. Er winkt freundlich, und ich winke ebenfalls freundlich zurück. Er hat Recht. Ich fühle mich viel besser als noch vor zwanzig Minuten.

»Guten Tag, schönes Wetter heute«, begrüßt mich ein anderer Fahrer auf der nächsten Fahrt.

»Ja, schönes Wetter«, erwidere ich, »das wird meine arme Mutter freuen, wenn ich sie heute auf den Friedhof begleite. Wir beerdigen ihren dritten Mann. Ein tragischer Unfall. Er fiel vom Kran, als er gerade das Autowrack seines Sohnes aus erster Ehe bergen wollte. Der Sohn hatte sich in der Geschwindigkeit verschätzt, der war ja sonst nur seinen Elektro-Rollstuhl gewöhnt, der Arme. Vom Hals abwärts gelähmt. Und dabei hatte er ja gerade erst diese reizende Frau kennengelernt, bei der hätte ja auch keiner gedacht, dass die so stark kokainabhängig ist! Hoch verschuldet, aber dann im Rausch meinen, fliegen zu können. Tja, auf so eine Idee sollte man im zwölften Stock nicht kommen, wenn man gesund bleiben will. Zum Glück habe ich nur Epilepsie. Es könnte so viel schlimmer sein, was meinen Sie?«

Der Fahrer scheint an weiteren Gesprächen nicht interessiert. Aber ich glaube, er ist ein bisschen glücklich, dass es ihm so gut geht.

Echte Freundinnen

Meine Freundin Heike glaubt, sie sei unter einem schlechten Stern geboren. Es geschieht bisweilen, dass sie aus heiterem Himmel Dinge sagt wie: »Boah, Dagmar, mir geht's so gut, ne, also so gut! Ich hab' 'ne super Beziehung, ich hab'n tollen Job, ich hab' prima Freunde… Das ist doch nicht normal! Wahrscheinlich hab' ich einen Gehirntumor. Oder ich werde bald vergewaltigt. Am besten, ich renne schon mal nackt durch'n Park, dann hab' ich das nämlich schon mal hinter mir!«

Dabei passiert ihr weiß Gott nichts Schlimmes – also jetzt auch nichts wahnsinnig Gutes, aber eben auch nichts wirklich Schlimmes. Dennoch wittert sie überall einen kleinen Weltuntergang oder wenigstens mittelschwere Katastrophen. Kürzlich hatten wir gemeinsam einen Tag frei und gingen in die Sauna. Die Sonne schien, wir mussten nur die Hälfte bezahlen, da wir offensichtlich zu der Sonderaktion »Wellness gegen Midlife-Crisis« gehörten, und zur Krönung kam jede halbe Stunde ein gutgebauter junger Mann mit einem Tablett voller Obstspieße vorbei, lächelte charmant und gleichzeitig ein bisschen verwegen, und obwohl ich über dreißig bin, fühlte ich mich plötzlich wie zwanzig. Ich biss lasziv in meinen Obstspieß, lächelte ebenso verwegen zurück, und in diesem Augenblick hörte ich meine Freundin Heike aufstöhnen: »Na, toll! Zitrusfrüchte! Die vertrage ich nicht. Mir ist schon ganz heiß. Wahrscheinlich habe ich eine Ananas-Allergie, von der ich noch nichts wusste, und muss dann morgen sterben.«

So amüsant es manchmal ist, Heikes lebenshypochondrische Anfälle mitzubekommen, so anstrengend kann es bisweilen auch sein. Mitunter habe ich den Verdacht, Heike ist die Reinkarnation meiner Oma väterlicherseits. Die stellte nämlich bereits die schlimmsten Prognosen in den Raum, sobald man sich nur mal verkehrt herum auf den Stuhl gesetzt hatte.

»Mach das nicht Kind, dann kippt der Stuhl um, und du fällst hinten rüber mit'm Kopp auffe Heizung, und dann haste 'n Loch im Kopp und bist tot.«

»Guck mal, Oma, ich hab' Kaugummi geschenkt bekommen!«

»Wenn du den runterschluckst, dann klebt der Magen zu, und du bist tot!«

»Oma, wir machen Schneeballschlacht!«

»Pass bloß auf, dann ist da 'n Stein im Schnee, und

du kriegst den ins Gesicht, und dann ist das Auge weg, und du bist tot!«

Meine Oma hat zwei Kriege mitgemacht, aber die waren nichts im Vergleich zum Alltag ihrer Enkel. Jetzt ist sie seit zwanzig Jahren tot, aber ich hab' ja zum Glück noch Heike, die mich vor zuviel Übermut im Leben bewahrt.

Neulich komme ich zu ihr nach Hause, da sitzt sie wie gelähmt in ihrer Küche, mit einem Stück Papier in der Hand, das verdächtig nach einem Scheck aussieht. Ich befürchte Gutes und frage vorsichtig: »Hey, Heike, was ist das denn, haste was gewonnen?«

Heike Glück zu unterstellen kommt einer Kriegserklärung gleich. Und tatsächlich, Heike kommt zu sich und bellt mich an.

»Ich? Ich und was gewonnen!? Wo lebst du denn? Als ob ich mal was gewinne! Ich doch nicht! Ich hab' doch nie Glück! Aber weißte, wer neulich was gewonnen hat? Meine Nachbarn, die Lowacks, die haben letzte Woche im Kreuzworträtsel gewonnen. Eine Woche Mallorca! Eine Woche! Dabei ist er doch schon Spanier! Und das Kreuzworträtsel war noch nicht mal schwer! Das mach' ich morgens in drei Minuten nebenbei! Drei Minuten! Und dabei schmier' ich mir noch 'n Nutellabrötchen! Und? Gewinne ich mal was?«

Ich wage eine Gegenfrage: »Haste denn auch schon mal was abgeschickt?«

»Ja, wie, abschicken? Wieso das denn? Ich gewinne

doch eh nichts! Das Schicksal hasst mich. Ich mein',
guck dir das an ...!«

Sie patscht abfällig mit dem Handrücken auf den
Scheck.

»Da reißt man sich über Monate hinweg den Arsch
auf in der Firma, macht Überstunden, streicht den Urlaub, steckt all seine Energie in dieses neue Projekt, ich
meine, ich hab' da jetzt ja auch Ehrgeiz entwickelt, und
jetzt, jetzt ...«

Heike holt tief Luft, mir bleibt dieselbe weg.

»'ne GEHALTSERHÖHUNG!«, brüllt sie. »Wahrscheinlich, weil mein Idiot von Chef glaubt, das ist
jetzt normal, dass ich mich jetzt immer so engagiere
und 'ne Hundert-Stunden-Woche schiebe, na, der kann
mich aber mal!«

Als echte Freundin verstehe ich ihr Problem voll
und ganz und warne sie: »Freu dich bloß nicht zu doll!
Sonst schlägste hinten rüber, mit'm Kopp auffe Heizung, und dann biste tot!«

Heike ist ziemlich sensibel und besitzt gleichzeitig
ein feines Gespür für Zynismus.

»Machste dich über mich lustig, oder was? Findeste,
ich übertreibe, ja? Aber pass mal auf, ich sag' dir jetzt mal
was, weil ich nämlich eine gute Freundin bin: Du fällst
auch noch auf die Fresse, wenn du weiterhin so naiv und
dauergutgelaunt durch die Gegend läufst. Dich kann
man ja gar nicht mehr ernst nehmen! Setz mal deine rosa
Brille ab, du bist ja vollkommen überdreht!«

Mittlerweile habe ich einen richtigen Ehrgeiz entwickelt, Heike zu beweisen, dass das Leben auch für sie ab und an ein Glücksschwein bereithält. Ich habe ihr zum Beispiel einen Zehn-Euro-Schein in die Jackentasche geschmuggelt, ihr dafür aber ihre letzten zwanzig Euro aus dem Portemonnaie geklaut. Als sie beim Bezahlen in ihr leeres Portemonnaie starrt, rate ich ihr, doch auch noch mal in den anderen Taschen nachzugucken, ob sich da noch Geld versteckt hat. Sie findet die zehn Euro und guckt mich nachdenklich an.

»Na, was für ein Glück!«, frohlocke ich. »Guck mal, sonst hättest du *gar nicht* einkaufen können!«

»Aber ich hatte noch zwanzig Euro im Portemonnaie!«, beharrt sie.

»Besser zehn Euro als gar nichts!«, kontere ich gewagt. Aber richtig überzeugt habe ich sie von ihrer Glückssträhne noch nicht.

Seitdem bin ich immer offensiver geworden, schmuggle alles Mögliche in ihre Taschen und sehe zu, dass sie es gebrauchen kann.

Ich scheuche sie durch die Gegend, und wenn sie Hunger hat, findet sie ein Käsebrot in ihrer Jacke.

Ich lenke sie beim Autofahren ab, und als sie einem Polizeiwagen hinten drauffährt, kann sie sich wie durch ein Wunder ausweisen, obwohl sie sonst ihre Papiere nie dabei hat. Wieder vierzig Euro gespart!

Als wir beim Spazierengehen von einem gierig aussehenden Dobermann verfolgt werden, kann Heike ihn mit einem kleinen Kätzchen ablenken, das plötzlich in ihrem Rucksack miaut. Was für ein Glück, wo Heike an so einer Hundephobie leidet!

»Na, was bist du doch für ein Glückskind! Immer ein Kätzchen zur Stelle, wenn man gerade eins braucht!«, strahle ich sie an.

Sie guckt etwas merkwürdig und sagt nichts, ihr Gesicht zuckt an manchen Stellen. Mittlerweile ist sie noch misstrauischer als jemals zuvor, obwohl ich mir wirklich alle Mühe gebe! Zuletzt habe ich ihr heimlich den Rasen gemäht und ihre Post geöffnet und sie vorsortiert – seitdem glaubt sie endgültig, jemand hat es auf sie abgesehen. Langsam wird sie ziemlich paranoid. Aber sie kann auf mich zählen. Wie gut, dass sie in ihrer Tasche immer Psychopharmaka findet, wenn sie welche braucht. Meistens ist sie jetzt auch viel besser gelaunt.

Gut, wenn man echte Freunde hat.

Vermischen impossible?

Es gibt Momente, in denen ist man einfach nur überall dazwischen. Für das eine zu früh, für das andere zu spät und für das Dritte schon mal gar nicht. Egal, in was man sich begibt, man wird nie Teil einer homogenen Mischung werden, man ist das Öl auf dem Wasser oder an schlechten Tagen das Wasser unter dem Öl. Manchmal gibt es jedoch humane Emulgatoren, einer davon ist mein alter Freund Schubi.

Neulich abends war ich in meiner Stammkneipe, dem »Out of Bounds«, und es war ein klassischer Zwei-Phasen-Abend. Sowohl der Gin Tonic als auch das restliche Kneipenpublikum wies eine unterhaltsame, aber scheinbar unvereinbare Mischung auf. Zu meiner Rechten an der Theke traf ich Minna, die mir und dem Rest der Kneipe lautstark das Elend der Welt klagte, von Hartz IV über den Verfall der Punkrockkultur bis hin zu vegan lebenden Vollidioten mit Gemüseallergie. Zu meiner Linken saß eine Dame in einem adretten Kostüm, die vielleicht von einem hier kurz Zwischenstopp machenden Bankkauffrauenausflug vergessen worden war. Sie wirkte, als kenne sie Hartz IV nur aus Gruselgeschichten und als ob Punkrock für sie etwas sei, das nur bösen Menschen zustoße. Sie trug das naturblonde Haar zu einem strengen Dutt geknotet, und derart laufmaschen- und löcherlose Strümpfe wie die ihren hatte der Laden seit seiner Eröffnung noch nicht gesehen. Zustandsmäßig war auch sie ein klassischer Dazwischen-Fall: zu angetrunken, um schon nach Hause zu wollen, und zu nüchtern, als dass ihr ihre Umgebung egal gewesen wäre. Minna und die Dame waren Öl und Wasser und ich die Haut dazwischen.

In diesem Moment öffnete sich die Tür, und Schubi kam ins »Bounds«. Nein, eigentlich ist das die falsche Beschreibung, sagen wir, Schubi war plötzlich da, und die Kneipe schloss sich um ihn. Schubi zeigte nicht Präsenz, die Präsenz zeigte Schubi. Er manifestierte sich zwischen unserem Drei-Phasen-Gemisch an der Theke, bestellte ein Becks und stimmte inbrünstig »Non, je ne regrette rien« an.

Nicht nur akustisch, auch optisch hatte Schubi einiges zu bieten: Er trug mehrere stachelige Geräte in mehreren Körperteilen, und ich ahnte, dass es sich nicht nur auf jene Körperteile beschränkte, die man sehen konnte. Wobei man an diesem Abend durchaus viel sehen konnte, denn Schubi war in seiner sommerlichen Kleidung in eine Baugrube gefallen und hatte seinem Outfit mehr Löcher als vorgesehen zugefügt. Auf den Resten seines T-Shirts war »Hunde müssen draußen bleiben« zu lesen. Ein relativ überflüssiger Hinweis, nicht mal ein anspruchsloser Chiuahua hätte noch genug Stoff für sich gefunden.

Nicht nur durch Schubi verschüchtert, fragte die Dame zur Linken zaghaft nach der Cocktailkarte, was Tom, dem Barkeeper, nur ein müdes Lächeln entlockte.

»Guck dich um, Baby. Mehr als zwei Flüssigkeiten pro Glas schütten wir hier nicht zusammen. Lohnt sich nicht. Der Großteil der Gäste würde auch Spiritus pur trinken. Oder Feuerzeugbenzin. Willste ein Kölsch-Cola?«

Die Dame nickte, hielt den Mund und sich am Glas fest. Aus Angst, sie würde mit dem Ärmel ihres Pepita-Jäckchens an der Theke kleben bleiben (eine durchaus berechtigte Angst), hielt sie sich sehr gerade und wirkte wie ein Betonpfeiler im Smalland. Die Ramones dröhnten aus den Boxen, Schubi sang, das Bier floss in Strömen, und im Hintergrund kotzte jemand auf den Kicker. Hin und wieder flog jemand durch die Luft.

Lag es an Schubis Gesang oder an allem – plötzlich fühlte ich mich überhaupt nicht mehr dazwischen, sondern paradoxerweise in all dem Durcheinander angenehm ungestört, ohne dabei alleine zu sein. Die Gin Tonics zeigten Wirkung, und ich machte mich auf den Weg zum Klo. Als ich den Rückweg an die Theke antrat, sah ich meinen Platz von Schubi besetzt, der Minna im Arm hielt und gleichzeitig angeregt auf die Dame einredete.

»Oh nein, keine politischen Grundsatzdiskussionen nach Feierabend«, dachte ich noch, bis ich näher trat und Schubis Worte verstand.

»Du musst Kreuzkümmel an die Kartoffeln tun«, erklärte er ihr gerade, »und dann in heller Soße…«

»Hmmmmm…!«, machte die Dame begeistert in bester Biolek-Manier und überraschte im Anschluss ihn und den Rest der Theke mit einer Anleitung, wie man Bier in einer Toplader-Waschmaschine braut.

»…und auf gar keinen Fall in Langzeitfonds investieren«, riet sie Schubi und hatte dabei bereits erhebliche Schwierigkeiten, das Wort »Langzeitfonds« richtig auszusprechen.

»Och, ich investiere nie lange und wenn, dann eher in Altmetall«, strahlte Schubi charmant und deutete auf die Eisenwaren in seinem Gesicht.

Plötzlich tauchte der Wunsch nach Verbundenheit auf, ich gesellte mich zu dem fröhlichen Trio und freute mich über die Dame, die ihr Kostümjäckchen ausgezogen hatte und eine Runde Kettenfett für alle bestellte.

»Ich heiß' übrigens Minna«, sagte Minna.

»Hach nee, tatsächlich? Ich auch«, sagte die Dame und setzte sich neben den Stuhl. Das Hallo war groß.

Vermischen ist gar nicht so schlecht, dachte ich noch, bevor sich das »Kettenfett« mit dem Gin Tonic in meinem Magen vermischte, und dann ging ich wieder mal aufs Klo, zügig, aber hoch erhobenen Hauptes.

Klassentreffen

Ich muss verschiedenen Dingen ins Auge sehen, unter anderem der Realität. Das bedeutet ...

1. Ich bin über dreißig.

2. Ich habe es tatsächlich geschafft, zehn Jahre lang nicht mehr an den Großteil meiner Jugend zu denken.

Auch dass es sich wirklich schon um zehn Jahre handelt, wurde mir erst jetzt bewusst. Meine Reaktion auf die E-Mail mit Einladung zum Klassentreffen waren eigentlich zwei:

1. Wer bitte ist Irina Drewes?

2. Mein Gott, zehn Jahre! Was sind schon zehn Jahre? Aber du kannst dich nicht einmal mehr an Irina Drewes erinnern, du wirst senil. Du bist ein oberflächlicher Mensch, ja ja, zu Recht bekommst du jetzt Schuldgefühle. Wer weiß, was du sonst noch auf dem Kerbholz hast, wenn du dich noch nicht einmal an Menschen von vor zehn Jahren erinnern kannst, mit denen du immerhin die Hälfte deiner Schulzeit ver-

bracht hast. Fehlen dir etwa auch die zwanzig Jahre davor?!

Ich versuchte, mir die Gesichter meiner Eltern und Geschwister ins Gedächtnis zu rufen, mit denen ich immerhin schon über dreißig Jahre meines Lebens zu tun hatte. Es beruhigte mich spontan, als es mir im Laufe des Tages ziemlich gut gelang. Es war also doch noch nicht alles verloren, und ich konnte eine Teen- und Twenzeit-Amnesie wohl vorübergehend ausschließen. So langsam dämmerte mir sogar etwas zu dem Menschen Irina Drewes. Um meinen Verdacht zu bestätigen, suchte ich die Abi-Zeitung hervor, die schon zum Herausgabedatum so vergilbt war, dass man ihr das vorangeschrittene Alter nicht ansah.

Ich blätterte das Dokument gewissenhaft durch und fand Irina Drewes im Mathe-Leistungskurs. Kein Wunder, dass ich mich nicht an sie erinnern konnte, mit Mathe und Leistung hatte ich wenig zu tun. Erleichtert lehnte ich mich zurück und las weiter.

»Erstaunlich, was man damals lustig fand«, dachte ich, nachdem ich einen von mir verfassten Artikel über unseren Englischlehrer überflogen hatte. Und plötzlich schwand meine eben noch nicht ganz verabschiedete Amnesie fast total, und mir fielen wilde Szenarien von Klassenfahrten, Kampftrinkereien ein sowie die Peinlichkeit im Unterricht, unvorbereitet an die Tafel zu müssen oder aus einem Sekundenschlaf geweckt zu werden, dabei feststellend, dass man in den letzten fünf

Minuten erhebliche Mengen auf Pult und Unterarme gesabbert hatte.

Ich versuchte, mich an unsere Clique zu erinnern, als mir einfiel, dass es gar keine richtige Clique gegeben hatte, nur mehrere einzelne Haufen von unterschiedlichen Musikgeschmäckern, die aber wegen massiven Pubertätsanfällen großer Fluktuation unterworfen waren. Es gab jeweils harte Kerne, die als Personifizierung von Rock, Metal, Wave oder Pop herhalten konnten sowie Westernhagen-Hörer.

Ich lächelte bei dem Gedanken an Karlson, den Antichristen, ein wiedergeborener Bon Scott in der Gestalt eines in die Länge gezogenen Glen Danzig mit Pubertätspickeln.

Oder Tina, Mary und Conny, die einzige vollkommene Hippie-Wave-Melange, die ich kenne.

Ich begann mich zu freuen. Es würde schön sein, alle mal wieder zu sehen.

War es leider nicht.

Ich war gerade im Begriff, meine Jacke an die Garderobe des alten Schützenhauses zu hängen, in welchem das Jubiläum stattfinden sollte, als plötzlich wer wie aus dem Nichts vor mir aus dem Boden schoss und mir ein Foto ins Gesicht drückte, auf dem ein herzhaft heulendes Kind zu sehen war.

»Das ist meine Jüngste. Sie ist jetzt zwei. Jeanette. Nach Jeanette Biedermann! – Oh, Entschuldigung, wer bist du eigentlich?«

Völlig entgeistert starrte ich in das mich freundlich anstrahlende Gesicht, das mit blauem Lidschatten und perlmutt glänzendem, rosa Lippenstift angetan war.

»Mary?«, stammelte ich fassungslos und versuchte, in dem Bonbon vor mir eine Übereinstimmung mit dem blass geschminkten Gesicht der Sechzehnjährigen aus meiner Erinnerung zu finden.

»Ja genau! Mensch, Dagmar, bist du das? Du hast dich ja überhaupt nicht verändert!«

Ich lächelte überfordert, stürzte an die Theke und versuchte, mit Hilfe eines Wodkas über den Schreck hinwegzukommen.

Ich gab mir Mühe, über die Unlogik des »Wer bist du überhaupt?« und des »Du hast dich überhaupt nicht verändert!« hinwegzusehen und gesellte mich sehr schnell zu einer alten Freundin, eine der übrig gebliebenen Kinderlosen, die anderes als Karriereschilderungen und von Familienvergrößerungen zu erzählen hatte.

Manche hatten sich tatsächlich die Mühe gemacht, sich im Vorfeld per Internet über die Aktivitäten der ehemaligen Mitschüler zu informieren, sodass im Laufe des Abends im Schnitt alle zwölf Minuten jemand auf mich zukam, um sich zu vergewissern, ob das denn wirklich stimme, »dass ich jetzt so lustige Geschichten schriebe und wie das denn passieren und ob man davon leben könne«.

Ich nickte und erzählte erst ein wenig stolz, später ziemlich genervt, dass es stimme und dass das halt einfach so passiert sei und ob ich so aussähe, als ob ich im Sterben läge.

Natürlich wurde ich aufgefordert, einen Witz zu erzählen, was ich damit konterte, dass ich ja auch keinen Mathelehrer darum bäte, mir eine Kurvendiskussion vorzumachen.

Allen gemein war, dass sie mit der augenzwinkernden Bemerkung schlossen: »Na, da hörste heute Abend bestimmt ein paar Geschichten, da kannste aber was schreiben hinterher!«

Nee, kann ich nicht. Außer »Ich bin, ich mache, ich verdiene, und meine Kinder sind jetzt …« bot sich meinen Ohren nicht viel, und ich langweilte mich entsetzlich, was natürlich auch sehr an mir beziehungsweise an drei wichtigen Umständen lag: Ich hatte ausnahmsweise mal keine Lust, mich zu betrinken, ich war nicht in nostalgischer Stimmung, und ich hatte keine Mission.

Sie wissen schon, eine Mission, eine Aufgabe, zum Beispiel noch mal einen Kuss von der ersten Liebe aus der Achten erhaschen. Ich hatte keine Liebe aus der Achten, auch nicht aus der Neunten oder so. Meine Freunde kamen stets aus einer anderen Stadt und waren wenn, dann nur sporadisch zur Schule gegangen. Ich musste mich auch nirgendwo entschuldigen oder mein Gewissen beruhigen, weil ich damals jemanden im Kartenraum eingeschlossen oder jahrelang terrorisiert hatte. Ich war mir keiner Schuld bewusst, jedenfalls nicht so schlimm, dass ich mich entschuldigen müsste. Ich ging um halb zwei, ziemlich nüchtern und ernüchtert.

Es gibt so viele turbulente Geschichten über Klassentreffen, es gibt zarte, spannende, lustige und bestürzende Geschichten darüber. Vielleicht ist es einfach mal an der Zeit, dass jemand eine langweilige Geschichte über so ein Jubiläum schreibt, und das Schicksal zeigt mit seinen gichtigen Fingern auf mich und röhrt: »Du, Dagmar, du bist jetzt fällig!«

Na danke, aber so war es nun mal. Ich denke, ich habe meine Pflicht erfüllt.

Adrenalin – oder so

Wir waren nicht politisch, aber korrekt. Wir lernten uns im Flötenkreis kennen und wussten sofort, wir würden eines Tages die Welt rocken. Wir begannen den Weg zum Rocker-Olymp unter anderem in Kleinberkel, zugegeben einem für das Gebären von Stars eher unbekannten Ort. Wir waren auf einer Lesung, genauer gesagt waren wir die Lesung gewesen, und wir hatten wirklich alles gegeben. Das Dutzend Zuhörer hatte freundlich geklatscht und sich amüsiert, trotzdem stellte sich das Gefühl des Umschwärmt-und-Hofiert-Werdens nicht wirklich ein.

»Katinka, und du bist sicher, dass wir mit Vorlesen so richtig rocken können?«, fragte ich meine Mitleserin, während wir den Müll vor der Bühne zusammenfegten. Die eigentlich dafür zuständigen Putzfrauen saßen derweil in unserer Garderobe.

»In der Zeitung stand: Vorlesen ist Rock 'n' Roll!«, versicherte Katinka.

»Warum werden wir dann nicht wie Rockstars behandelt?«, fragte ich und begann, die Stühle zusammenzustellen.

Da wankte ein kleines, gebeugtes, grau- und langhaariges, altes Männchen auf uns zu, das mir schon während der Lesung durch seinen Zuruf: »Schöne Geschichten, aber wie sieht's denn mit *Stage Diving* aus?« aufgefallen war.

»Wo's denn hier die Party?«, krächzte das Männchen. »Ich dachte, Vorlesen ist Rock 'n' Roll! Hat jedenfalls so in der Zeitung gestanden.« Er musterte uns und aschte seinen Joint ab.

»Ich glaub', über Rock 'n' Roll müsst ihr noch 'ne Menge lernen, Mädchen!«

Er schwenkte seinen Spazierstock, der mit *AC/DC*- und *Motörhead*-Aufklebern übersät war.

»Trinken allein ist nicht alles! Die Öffentlichkeitsarbeit zählt, versteht ihr? Aber falls es euch tröstet: Mein älterer Bruder fand euch echt scharf!«

Er deutete mit einem schwer beringten Daumen hinter sich, wo wie auf Kommando ein weiteres, weiß- und langhaariges Männchen erschien und uns aus seinem Rollstuhl neckisch zuzwinkerte.

Zu verblüfft, um irgendetwas zu erwidern, nickten wir nur, und da machte sich das Brüderpaar auch schon auf und davon, wohl, um den Enkelinnen anderer Kleinberkeler Seniorinnen das Headbangen beizubringen.

»Na siehste, wir haben sogar Groupies!«, strahlte Katinka.

»Ja, aber sie sind achtzig und kommen aus Kleinberkel!«

»Großberkel! Wir kommen aus Großberkel!«, erklang es von draußen.

»Entschuldigung!«, riefen wir wie aus einem Mund.

»Macht ja nichts, aber, Mensch, ihr seid echt zu höflich, Mädchen!«

»Vielleicht hat er Recht«, mutmaßte ich, als wir zum Hotel spazierten, und gab einem herumsitzenden Bettler zehn Euro. »Vielleicht sind wir einfach zu nett, um richtig berühmt zu werden.«

»Ach was!«, wies mich Katinka barsch zurück und rettete ein Froschpärchen von der Straße. Danach schwiegen wir für eine Weile.

Als wir im Hotelzimmer angekommen waren und der Page uns verwirrt Trinkgeld geben wollte, weil wir nicht nur unser Gepäck, sondern auch ihn die Treppe hochgetragen hatten, kam Katinka noch mal auf das Thema zurück.

»Na ja, vielleicht hast du doch Recht, und wir sollten uns wirklich ein kleines bisschen rockermäßiger benehmen, damit man uns als Prominente auch ernst nimmt!«, stimmte sie mir zu.

»Du meinst also, so richtig mit Hotelzimmer verwüsten und so? Aber … aber ich bin so müde!«, sagte ich kläglich.

»Wir würden es für die Ehre tun!«, erwiderte Katinka missionarisch.

Ich dachte kurz nach.

»Okay, aber du fängst an!«, sagte ich schließlich. »Mit dem Fernseher! – Los, aus dem Fenster damit!«

Gequält sah Katinka mich an.

»Aber das ist Großbildformat, den krieg' ich doch gar nicht hoch!«

»Na, dann tritt wenigstens dagegen!«

Schüchtern stupste sie das Gerät mit dem Fuß an, nichts tat sich. Ob es den *Sex Pistols* auch jemals so gegangen war?

»Können wir nicht erst mal die Minibar leertrinken?«, schlug Katinka vor. Eine gute Idee!

In der Bar befanden sich zwei Flaschen Saft, ein Wasser und ein Bier, alkoholfrei.

»Na, das haben die bestimmt extra wegen uns gemacht, weil die Schiss haben, dass wir ihnen sonst besoffen das Hotelzimmer verwüsten!«, grinste ich. Doch die Lage war ernst. »Los, komm, wir holen Hilfe!«, schlug ich Katinka vor.

Wir gingen über den Flur zum Nachbarzimmer. Immerhin klopften wir wirklich energisch, und es wurde auch sofort von einem Mann geöffnet. Einem Mann, den man bekommt, wenn man vor die Fleischtheke des Schöpfers treten und ein Viertel Arnold Schwarzenegger bestellen würde. Das gleiche Gesicht, nur fünfzig Kilo dünner.

»Ja bitte?«

»Entschuldigung, könnten Sie uns vielleicht helfen, ein paar Möbel zu verrücken?«, strahlte ihn Katinka an.

»Aber natürlich!«, erwiderte er so freundlich wie im Bibelkreis. »Moment, ich hole nur schnell meinen Bruder zur Hilfe! – Sven, kommst du bitte mal?«

Hinter der Terminator-light-Version tauchte das Doppelte von Sylvester Stallone auf.

»Das ist Sven! Und ich bin Arnd, aber ihr könnt mich Arnie nennen.«

Ich hatte es ja geahnt.

»Okay, dann alle Mann rüber!«, kommandierte ich.

In unserem Zimmer angekommen, öffnete ich das Fenster und deutete auf die Fensterbank.

»Wenn Sie den Fernseher vielleicht hierhin…?«, fragte ich.

»Aber da ist der Empfang sehr schlecht«, widersprach Arnie, »und sehr wacklig ist es auch, der Fernseher könnte…«

»Ganz genau!«, raunte Katinka ihm zu.

»Aber meine Damen, das geht doch nicht!«, protestierte er.

Ich trat zu Katinka und flüsterte ihr zu: »Wir müssen es anders anfangen, wir müssen sie… provozieren oder so. Vielleicht ist ja wenigstens 'ne kleine Prügelei mit den beiden drin!«

Katinka stieg sofort darauf ein.

»Sie wollen ja nur nicht zugeben, dass Sie nicht genug Muckis haben, Sie … Arnd!«, schoss sie auf ihn los.

»Aber meine Damen, das ist jetzt wirklich etwas unverschämt!«, empörte sich Arnie.

Ich trat neben Sven und versuchte, ihn zu schubsen. Aber er stand da wie ein Baum und benahm sich auch so. Dumpf schaute er mich an. Ich wollte ihn ein wenig animieren, schubste also Katinka, zeigte dann auf ihn und sah ihn einladend an. Katinka sprang auffordernd auf die Couch und hopste. Ich schubste Sven noch einmal, dann Arnie, dann wieder Sven. Nichts tat sich.

»Nicht provozieren lassen, Sven!«, sagte Arnie und wandte sich an uns.

»Er hat große Fortschritte gemacht seit seinem Anti-Aggressionskurs!«

Großartig. In einem vollen Hotel in Kleinberkel erwischten wir ausgerechnet Rocky Balboa in der Ghandi-Version, mitsamt seinem Bewährungshelfer.

»Aber es geht doch um unsere Ehre! Wir müssen doch beweisen, dass auch Autorinnen rocken!«, jammerte Katinka.

Betroffen schauten Arnie und Sven uns an.

»Mit den beiden Opas aus Kleinberkel wär' uns das hier nicht passiert!«, nölte ich frustriert.

»Großberkel! Wir kommen aus Großberkel!«, brüllte jemand durch die Tür – dann brach das Inferno los. Ich sah nur wehendes graues und weißes Haar, und schon flog der Fernseher aus dem Fenster. Das Radio wurde aufgedreht, und ich sah, wie Opa 1 mit Arnie und Opa 2 mit Sven eingehakt zu dem in voller Lautstärke aufgedrehten Landfunk Polka tanzten beziehungsweise rollten. Die ersten Zimmermädchen tauchten auf und sahen sich verängstigt um.

»Jawoll, Bräute!«, juchzte Opa 1. Dann bekam ich einen Schlag auf den Kopf, und mir wurde schwarz vor Augen.

Als ich wieder zu mir kam, saß ich im Zug. Auf meinen Knien lag eine mit *AC/DC-* und *Motörhead-*Aufklebern übersäte Krücke, und an meiner Schulter lehnte Katinka.

»Opa 1 hat aus Freude über die Zimmermädchen das alkoholfreie Bier auf deinen Kopf fallen lassen!«, erklärte sie mir und präsentierte stolz die Zeitung. »Chaos-Opas schlagen wieder zu. Wilde Prügelei mit Vorleserinnen«, war als Schlagzeile auf dem Titelblatt zu lesen. Darunter ein Bild, wie die beiden Opas von zwei Polizisten abgeführt beziehungsweise abgerollt wurden. Beide sahen sehr zufrieden aus. Unsere Namen hingegen waren falsch geschrieben, dennoch wurden wir sehr öffentlichkeitswirksam erwähnt. Ich, weil ich rockstarlike zusammengebrochen war, und Katinka, weil sie sich beim Aufräumen der Scherben ein paar Schnittwunden zugezogen hatte, die aber einem wilden Kampf zugeordnet wurden. Wir beide waren begeistert.

An der Krücke klebte ein Zettel, auf dem in zittri-

ger Altmännerschrift geschrieben stand: »Ein guter Anfang, ihr ward unbeteiligt, aber saht dabei verdammt
gut aus. Sorry für den K.O. und keep on rocking!«

Ich lehnte mich erleichtert zurück. Zum Glück glaubt
das Volk ja immer alles, was in der Zeitung steht. Wir
waren auf dem richtigen Weg.

Scheiß auf Liebeserklärungen

»Ich scheiß auf Liebeserklärungen!«, schnaubte Anjita und deutete nach rechts.

Wir saßen im Biergarten und lauschten den zwei Hausfrauen mittleren Alters am Nebentisch, die sich so begeistert über ihre Ehemänner unterhielten, als wären sie gerade stubenrein gewordene Haustiere.

»Phh, hör dir das an! ›Er hat mir Rosen gekauft!‹ Pah! Da riecht man doch das schlechte Gewissen, das hat doch mit Liebeserklärung nichts zu tun! Rosen kaufen, das kann doch jeder!«

Anjita schüttelte den Kopf über so viel Naivität.

Von dem Thema inspiriert begannen wir, die besten Liebeserklärungen zu vergleichen, die wir je in unserem Leben gehört oder erhalten hatten.

»Er hat was gemacht?«, grinste Anjita begeistert und sah mich an wie ein Grammatiklehrer, der den Begriff »Vögeln« erstmalig nicht als Dativ Plural, sondern als Verb begriffen und ausprobiert hatte.

Ich hatte ihr gerade von meinem Ex-Freund Motte erzählt, der sich mir zuliebe sein »Dark-Star«-Tattoo in ein »Darkmar«-Tattoo umgewandelt hatte. Ich war damals sehr gerührt gewesen, aber noch bevor ich mir ein »Motte« hätte einbrennen können, hatte er schon mit mir Schluss gemacht. Was er dann aus dem Tattoo gemacht hat, hab' ich nie erfahren – meine Nachfolgerin hörte auf den Namen Friederike.

»Hach ja«, seufzte Anjita verträumt, »jetzt wo ich mich von Peter getrennt habe, denke ich auch manchmal, niemand wird mich mehr so lieben, dass er sich aus Liebeskummer volle Bierflaschen auf dem Kopf kaputt haut. Vielleicht sollte ich mir die ganze Sache doch noch mal überlegen …«

Ich wollte ihr gerade davon abraten, da klingelte ihr Handy. Es war Chris, Freund und Gitarrist von Anjitas Ex-Peter, der auch nach der Trennung sein Amt als Kuppler und Vermittler nicht abgelegt hatte.

»Entschuldigung, wenn ich dich störe«, brüllte er so laut in den Hörer, dass ich bequem mithören konnte, »aber Peter will sich gerade wegen dir umbringen, er liegt mitten auf die Straße. Ich krieg' ihn alleine nicht weg, könntest du mir helfen kommen?«

Anjita, die Vorfälle wie diese bereits zur Genüge kannte, murmelte: »Nicht schon wieder! Ich trinke gerade 'n Kaffee, und bis ich da bin, ist er eh schon aufgestanden, weil's ihm zu ungemütlich wird, das weißt du doch! Er soll diesen Scheiß lassen!«

»Okay, ich sag's ihm, tschüss!«, brüllte Chris, und wir sprachen weiter.

»Was ist denn jetzt eigentlich mit Exe?«, fragte Anjita gespannt.

Exe, der Sänger der *Schlammfressenden Ghettogötter*, hatte mich vor einer Woche an der Theke dreimal höflich gefragt, ob er mich anbaggern dürfe, und nachdem ich zweimal unwirsch »NEIN!« gesagt hatte, war ich beim dritten Mal von seinen ehrlichen Absichten überzeugt gewesen und hatte eingewilligt. Wir hatten uns nett unterhalten und uns dann besinnungslos geknutscht.

»Und dann?«

Anjita saß vor Aufregung fast auf meinem Schoß, ihr Haar stand ihr noch mehr zu Berge als sowieso schon.

»Bisher nix, ich glaub', er traut sich nicht, ist eher schüchtern … Keine Ahnung. Hach, ich glaub', ich bin verliebt«, lächelte ich verklärt, »ich wette, heute Abend passiert was. Wir treffen uns im *Out of Bounds*!«

»Wie spannend!«, juchzte Anjita, da klingelte ihr Handy erneut.

»Sorry, ich bin's noch mal, Chris«, schrie es aus dem Gerät. »Ich habe ihn jetzt auf eine andere Straße gelegt, wo nicht so viele Autos fahren, aber jetzt fängt er die Scheiße mit den Bierflaschen wieder an, kannst du nicht doch kommen?«

Anjita zögerte.

»Mann, Chris, das ist nicht mehr mein Problem«, sagte sie schließlich.

»Aber es sind meine Bierflaschen, und es sind die letzten!«, versuchte es Chris ein letztes Mal.

»Na, dann sieh halt zu, dass du sie ausgetrunken hast, bevor er sie in die Finger kriegt! Prost!«, fauchte meine Freundin. Dann legte sie auf, und wir bestellten uns zwei Bier.

»Scheiß auf Liebeserklärungen! Cheers!«

Ein paar Stunden später torkelte ich aufgeregt ins *Out of Bounds*. Doch ich sah Exe weder vor, hinter, noch unter der Theke, also ging ich aufs Klo, um mein mittlerweile etwas verschwommenes Äußeres wieder aufzubereiten. Auf dem Weg dorthin traf ich Kalle, der fröhlich zwei anderen Punks zeigte, wie ein Kopfstand funktioniert. Er winkte und fiel dabei um.

Vor der einzigen Klokabine vernahm ich stöhnende Geräusche und Frauengekicher aus dem Inneren derselben. Ich kannte das Gekicher. Es stammte von Antonella, der hirnblondierten Krankenschwester, die sich zwischendurch hierher verirrte, um den ein oder anderen verstrahlten Thekenhänger unter ihre Fittiche und ihren Kittel zu nehmen. Es schien so, als hätte sich auch diesmal jemand zum Doktorspielen gefunden.

»Viel Spaß noch«, rief ich amüsiert durch die Tür, ging zurück an die Theke, wartete auf Exe und unterhielt mich unterdessen mit Kalle, was aber ziemlich anstrengend war, weil er mittlerweile wieder auf dem Kopf stand.

Dann kam Exe, jedoch nicht durch die Eingangstür, sondern aus der Damentoilette. Antonella trippelte in einigem Abstand hinterher wie ein Yorkshire-Terrier, der ein neues Schleifchen in sein Fell bekommen hat.

Exe sah mich, blieb stehen und bekam sehr große, sehr schuldbewusste Augen.

Mir wurde schlecht.

Antonella flatterte auf mich zu, doch plötzlich kam ich mir im Vergleich zu ihr wesentlich intelligenzärmer vor. Ich trat zu Exe, der abwehrend die Hände hob und irgendetwas zu seiner Verteidigung stottern wollte.

Ich schüttete ihm mein Bier ins Gesicht, stolzierte mit letzter Würde wie ein gelenkiger Jungpanzer durch die Tür nach draußen und ging heulend nach Hause.

Nach einigen Metern hatte mich jemand eingeholt Es war Kalle. »Mensch, Dagmar, da biste so schnell raus, da hab' ich gedacht, da stimmt doch was nicht. Hier, ich hab dir'n Bier mitgebracht! – Na ja, ehrlich gesagt isses meins, und ich hab' vergessen, zu bezahlen.«

Dankend nahm ich einen Schluck.

»Is' wegen Exe, hä? Hab' ich mir gleich gedacht. Is' doch immer dasselbe.«

»Kalle, halts Maul!«

Dass ich mir jetzt nicht nur mies behandelt, sondern auch noch als eine von vielen vorkam, war kein Trost. Aber ich brachte es nicht übers Herz, Kalle weiter anzuschnauzen, ganz genau genommen hatte ich ja noch nicht mal einen Grund dazu. Kalle sah mich an wie ein Welpe. Apropos ...

»Wo ist eigentlich Lenin?«, fragte ich Kalle.

»Hat Stubenarrest. Hat'n Yorkshire gefressen. – Los, ich heiter dich auf!«, beschloss Kalle und trottete weiter neben mir her.

»Hast du schon!«, grinste ich zufrieden, und wir stiegen die Treppen zu meiner Wohnung hinauf.

Kalle setzte sich auf den Fußboden, nahm sich die Gitarre und begann inbrünstig »Warum bin ich so fröhlich, so fröhlich, so fröhlich ...« in einer erfrischenden Punkversion zu singen. Noch nie hatte jemand Hermann van Veen für mich so aufbauend interpretiert.

»Würde es dir helfen, wenn *ich* dich anbagger'?«, fragte Kalle hilfsbereit.

Ich überlegte einen Moment, dann lehnte ich gerührt ab: »Ich denke, fürs Erste bin ich bedient. – Sing, Kalle, sing! Und scheiß auf Liebeserklärungen!«

Eine Bahnfahrt
am Montagmorgen

Es ist Montagmorgen, und ich bin verunsichert, denn ich bin auch nach dem Aufwachen noch gut gelaunt. Das ist ungewöhnlich. Normalerweise habe ich montagmorgens eher eine Laune, die mich Dinge machen lässt. Dinge, wie zum Beispiel, dass ich extra mein Fahrrad nicht abschließe und hoffe, dass es geklaut wird, nur damit ich mir vorstellen kann, wie der Dieb aufgrund meiner total defekten Bremsen in einen schweren Verkehrsunfall gerät.

Doch heute nicht.

Das Glück scheint wirklich auf meiner Seite; ich war ausnahmsweise schneller als die Oma mit ihrem Einkaufsrollwägelchen, jetzt hab ich sogar noch einen Sitzplatz gekriegt und zwar neben jemandem, der ganz normal aussieht.

In der U-Bahn sind außer mir noch ziemlich viele andere Leute, die scheinen nicht besonders glücklich darüber zu sein, dass Montag ist, aber ich kann mich ja nicht um jeden kümmern.

Nach ein paar Minuten fangen die Ersten bereits an zu meckern, weil die Bahn nicht losfährt. Nach weiteren fünf Minuten ist immer noch nichts passiert, also packe ich erst mal mein Frühstück aus: ein paar Tupper-Dosen mit eigenhändig hübsch dekorierten Vollkornschnittchen mit Gurken und Radieschen. Der neben mir guckt ein bisschen komisch; ich vermute, er ist neidisch, weil er bestimmt auch noch nichts gegessen hat und gerne ein paar von meinen leckeren Schnittchen abhätte – kriegt er aber nicht.

Ich hatte gerade ein Schnittchen mit Fisch darauf gegessen, als plötzlich die Bahn losfährt. Ganz schön schnell, eine Beschleunigung von null auf ungefähr 237 km/h in schätzungsweise zwei Sekunden. Meine Schnittchen fliegen mir um die Ohren, und der neben mir freut sich, weil er jetzt doch welche abgekriegt hat.

»So schnell hätte es jetzt ja auch nicht sein müssen«, denke ich mir und bin auch ein bisschen erstaunt. Ich sehe mich um, das heißt, ich versuche, mich umzusehen, was gar nicht so einfach ist, weil ich von der enormen Geschwindigkeit in den Sitz hineingedrückt werde. Die Gesichter der anderen Leute sehen jetzt gar nicht mehr schlecht gelaunt, sondern nur noch schlecht aus. Plötzlich wird die Bahn noch viel, viel schneller als vorher, man kann die U-Bahn-Tunnelwände überhaupt nicht mehr erkennen, da sind nur noch so grau-lila Streifen in LSD-Mustern zu sehen und mir ist klar…

… dass das nicht normal ist.

Alles deutet darauf hin, dass wir durch ein Wurmloch fliegen (das habe ich in Jodie Fosters »Contact« gesehen!), ich nehme an, es handelt sich um eine Störung im Raum-Zeit-Kontinuum, weil das in solchen Fällen immer so ist. Da bemerke ich, dass mich alle Leute anstarren. Irgendwie flehend; so wie die Frauen, die mit einer Hand am Abgrund (oder in einem Kannibalenkessel über'm Feuer) hängen, immer Harrison Ford oder Pierce Brosnan angucken; dann, wenn es praktisch gar keinen Ausweg mehr gibt und sie nur noch flüstern können: »Helfen Sie mir bitte!«

So gucken die Leute. Sie brauchen einen Helden, und ich denke: »Och nee, warum passiert das immer mir?! Ich weiß doch auch nicht, was ich machen soll!«

Aber egal, ich bin auserwählt. Ich stemme mich also gegen den überwältigenden Druck, stehe auf und ziehe mich an den Sitzlehnen und den Kinderwagen, die überall im Weg stehen, nach vorne zur Fahrerkabine. Der Fahrer ist total ausgerastet und hat Schaum vor dem Mund. Ich schlage ihn bewusstlos und ziehe die Notbremse, mal gucken, was passiert.

Ja, was soll schon passieren? Der Zug hält natürlich an und eine unerotische Elektrostimme sagt begeistert: »Barrbarrossaplatz«. Draußen sieht alles wieder ganz normal aus, bis auf die Polizisten, die von überallher angelaufen kommen und mich mit Handschellen aus dem Führerhaus holen. Sie sagen, es sei verboten, in der Bahn zu randalieren und den Fahrer bewusstlos zu schlagen, bloß, weil die Bahn nicht losfährt.

Gut, vielleicht hat die Polizei die Sache mit dem Wurmloch wirklich nicht mitgekriegt oder ich muss meiner Mutter mal sagen, dass sich Fisch in Tupper-Dosen doch nicht so lange hält, wie sie immer glaubt.

Der langsamste Kassierer
der Welt

Auf der Titelseite des »Kölner Express« war kürzlich zu lesen: »Steinzeitmenschen entdeckt!« Ich dachte bei mir: Mein Gott, sind die langsam! Denn ich hatte den Steinzeitmenschen schon viel früher gefunden. Er arbeitete im Lidl in Köln-Ehrenfeld. Er war freundlich, gutmütig und ziemlich grobmotorisch. Er war der langsamste Kassierer der Welt. Seine Hände schoben die Ware in Zeitlupentempo über den Scanner, und die Schlange an der Kasse zog sich bereits durch den ganzen Supermarkt. Die Oma, die ihren Großeinkauf auf das gesamte Laufband verteilt hatte, lächelte glücklich, weil sie wahrscheinlich erstmals in ihrem Leben schneller mit dem Einpacken war, als der Kassierer die Produkte registrierte. Da, wo sonst junge Russinnen unter dreißig sitzen, saß also nun ein etwa fünfunddreißigjähriger Mann mit Glatze und freundlichen braunen Augen, die so arglos in die Welt schauten, dass klar war, auch in seinem Intelligenzzentrum befand sich eine verkehrsberuhigte Zone. Die ersten Leute in der Schlange fingen an zu murren, ob man nicht noch eine andere Kasse aufmachen könne oder ob alle verfügbaren Arbeitskräfte an der Überwachungskamera hingen.

Der Kassierer bemühte sich nach Kräften, das Tempo zu erhöhen, was dazu führte, dass er sich verscannte und den gesamten Großeinkauf des Mütterchens noch mal von vorn eintippen musste. Schweiß stand auf seiner Stirn, in einigen Einkaufswagen wurde die Butter ranzig, und das ein oder andere Zwiebackpaket überschritt langsam, aber sicher das Haltbarkeitsdatum.

Der Kassierer lächelte entschuldigend.

»Ich muss an der Kasse sitzen, weil ich der Langsamste bin. Ich soll schneller werden.«

Die Oma nickte mitfühlend und sagte: »Ich finde es gut, dass Sie nicht so schnell sind, man muss doch nicht immer so hetzen. Jetzt kann ich wenigstens ganz in Ruhe einpacken.«

In der Schlange kamen derweil die ersten Mädchen, die morgens im Kinderwagen in den Supermarkt gerollt worden waren, in die Pubertät, und die letzten ambitionierten Mittdreißiger begannen ein Fernstudium und schlossen es noch in der Schlange ab.

»Ich hasse es, an der Kasse zu sitzen«, gestand der Kassierer. »Ich bin so langsam. Und wenn ich fertig bin, suchen die Kunden immer so lange nach dem Kleingeld. – Hundertsiebzehn Euro fuffzig, bitte!«

Die Oma öffnete ihr Portemonnaie.

»Ich hab's bestimmt passend«, erklärte sie dem Kassierer und begann zu kramen.

»Und wenn die Kunden dann mit Karte bezahlen, funktioniert das Gerät nicht. Oder sie vergessen ihre Geheimzahl. Oder ich verdrücke mich auf den Tasten. – Kasse ist echt schlimm«, sagte der Kassierer.

Die Oma kramte weiter in ihrem Portemonnaie.

»Obwohl, Pfand ist noch schlimmer. Die Kisten stinken immer so«, sinnierte der Kassierer weiter vor sich hin. Mittlerweile trug er einen Vollbart. In der Warteschlange starben die ersten Menschen an Altersschwäche. Die Oma kramte immer noch in ihrem Portemonnaie.

»Regale einräumen, das mache ich ganz gerne«, erzählte der Kassierer, der langsam in Fahrt kam, zumindest emotional. »Obwohl, kommt auch auf die Ware an. Da ist ja auch viel Schweres dabei. Nee, eigentlich räume ich Regale nicht so gerne ein. Ich hätte ja gern was mit Tieren gemacht. Aber ich bin allergisch gegen Katzenhaare. Aber an der Kasse sitzen ist echt schlimm, da vergeht die Zeit einfach nicht.«

Die Oma entschloss sich nun doch, mit Karte zu zahlen. Ich nahm meinen letzten Überlebenswillen zusammen, brach aus der Schlage aus, ließ meinen Einkaufswagen stehen und ging quer über die Straße zum Konkurrenzsupermarkt. Das heißt, bevor ich auf den langsamsten Kassierer der Welt und das alte Mütterchen traf, stand da zumindest noch ein Supermarkt, nun sah ich da ein futuristisches Gebäude, auf dessen Außenfront ein riesiges Plakat für die anscheinend kurz bevorstehenden Olympischen Spiele im Jahr 2016 warb.

Nachdenklich stellte ich mir vor, wie es wohl anderen Berufstätigen ging, die ihren Job ebenfalls nicht mochten.

»Ich bin Elektriker. Das Schlimmste ist der Strom. Elektrogeräte reparieren mag ich auch nicht. Immer Licht an, Licht aus, Licht an, Licht aus, das nervt vielleicht, ich kann gar nicht sagen, wie!«

Oder: »Ich bin Profi-Fußballer, aber mit dem Kicken hab' ich's nicht so. Toremachen ist schlimm. Und dann die ganzen Pokale. Das nervt vielleicht, ich kann gar nicht sagen, wie!«

Ich nahm mir vor, für meinen mir noch verbleibenden Lebensabend mit Homeshopping vorliebzunehmen und war dankbar, dass ich nicht Kassierer war, sondern Autorin. Obwohl, das mit dem Schreiben, das nervt vielleicht, ich kann gar nicht sagen, wie!

Model, was sonst?

Oftmals sitze ich in der Kneipe und frage mich, warum. Dann bestellt jemand ein Bier, und es fällt mir wieder ein: Bierzapfen, deswegen bin ich dort. Schließlich werde ich dafür bezahlt.

Viele Leute rümpfen die Nase und fragen, ob ich denn keinen richtigen Job habe und wann ich denn endlich was Vernünftiges mache. Ich sage ihnen dann, dass ich sehr wohl etwas Vernünftiges mache, nämlich Geschichten schreiben und vorlesen, woraufhin die meisten meinen, dass der Kneipenjob dann doch schon ziemlich was Solides sei.

Je nachdem, welche Leute mitleidig gucken, komme ich mir manchmal ziemlich naiv vor, weil ich es nicht so habe mit Bausparen und weitreichender Lebensplanung und so. Manchmal schäme ich mich sogar, weil ich noch nicht einmal den Hauch einer Ahnung habe, wie die Börse funktioniert, und man dürfte mich auch nicht allein im Urwald aussetzen. Ich bin weder technisch versiert noch handwerklich geschickt. Wenn Menschen in der Steinzeit auf mich angewiesen gewesen wären, wäre das Rad heut' noch nicht erfunden und wir wüssten auch nicht, wie man das Feuer zähmt. Wenn ich ein Handy kaufen will, gucke ich voll guter Vorsätze auf eine Seite mit umfassenden Preis- und Qualitätsvergleichen, nur um dann nach drei Sekunden völlig überfordert und abgenervt das erstbeste Gerät zu kaufen, das mir unter die Nase gehalten wird. Dann rede ich mir ein, dass das schon okay ist, weil der Verkäufer, der mir das überteuerte Ding angedreht hat, das schließlich auch behauptet hat.

Aber immer, wenn ich dann wieder hinter der Theke stehe und das Handy schon nach zwei Tagen seinen Geist aufgegeben hat und ich mir von einem beliebigen Stammgast zum hundertsten Mal anhören muss, wie er früher mal erfolgreich war – also immer, wenn ich mir vorkomme wie der größte Verlierer der Welt, schickt der Gott der Antihelden einen Lichtstrahl durch das schwarze Wolkendickicht und offenbart Dinge, die einem den Glauben an sich selbst zurückgeben.

Bushaltestelle Frankfurt-Flughafen. Katinka und ich warten auf den Schnellbus nach Darmstadt. Ich bin müde und aufgrund einer vorangegangenen unbequemen Zugfahrt, von meinem Restleben ganz zu schweigen, nicht gut gelaunt. Wir rauchen an ein Schild gelehnt, auf dem in großen digitalen Ziffern die Abfahrtszeiten der Busse angezeigt werden. Ein Mädchen, ungefähr neunzehn Jahre alt, kommt auf hochhackigen Stiefeln herangetrippelt.

Sie ist durchaus hübsch, wenn auch nicht schön zu nennen, trägt einen kurzen Jeansrock und eine taillierte Daunenjacke, hat ein paar kokette rötliche Strähnchen im blondierten Haar, und sobald sie den Mund aufmacht, wird klar:

Sie ist der Typ gehobene Unterschicht. Zu ungebildet, um Zusammenhänge zu verstehen, aber zu behütet, um sich mit den Gesetzen der Straße auszukennen.

Sie schaut auf die Anzeigetafel und fragt uns im selben Moment »Oh Mann, wisst ihr vielleicht, wann der nächste Bus fährt? Ich muss ja noch zur Sparkasse, weil wegen ich hab' ja gar kein Geld, ich bin nämlich schon den ganzen Tag rumgefahren!«

Jemand, der Situationen nicht erfasst und gleichzeitig mit überflüssigen Informationen um sich wirft, ist mir zwar suspekt, aber durchaus nicht unsympathisch.

Da der Bus in einer Minute kommen soll, bieten wir ihr an, ihr das Geld bis Darmstadt auszulegen, offensichtlich wollen wir an denselben Ort. Sie zeigt sich erkenntlich, indem sie uns ihr bedingungsloses Vertrauen schenkt und uns ihr gesamtes Leben, ihre Lebenseinstellung und vor allem, ihre Zukunftsperspektiven erzählt.

»Ich komm' nämlich gerade wieder von so 'nem Modelcasting, nä, aber ich glaube, die waren da gar nicht richtig seriös. Das war in so 'nem Hotel, ich meine: ey, 'n Hotel, weißte, und da gab's zwei Schalter, einen mit Bezahlen und einen für umsonst. Und ich bin ja nicht blöd, also bin ich natürlich zu dem für umsonst gegangen, aber ich hab' den Typen auch gefragt, ob ich jetzt weniger Chancen hab', wenn ich nix bezahle, da hat der gesagt ›Nö!‹. Also ich mein', da musste doch schon voll doof sein, wenn du dann an den anderen Schalter gehst, nä, aber hab' ich ja nicht gemacht. Aber der Typ war voll doof, der hat mir gar nix erklärt, ich musste dem alles voll aus der Nase ziehen, ey, das hasse ich ja voll, wenn Leute nicht reden, nä, und dann, dann hat der nur ein Handyfoto von mir gemacht, ich meine, hallo!? Mit'm Handy, da sieht man doch gar nicht gut drauf aus, auf so 'nem Handyfoto, und der hat auch fast gar nichts gesagt, also, ich bin da meine Fragen gar nicht so richtig losgeworden, ich weiß da jetzt gar nicht richtig Bescheid, aber ich hab den Vertrag hier jetzt mal unterschrieben, guckt doch mal, vielleicht kennt ihr euch ja mit so was aus …«

Sie drückt uns einen Vertragsdurchschlag mit ihren sämtlichen Daten inklusive Bankverbindung in die Hand.

»Das solltest du auch nicht jedem in die Hand drücken«, kann ich nach dieser Informationsflut kurz aus mir herauspressen.

»Ja, das stimmt, ich glaub', ich bin manchmal auch ein bisschen naiv. Ich lass' mich nämlich manchmal auch so 'n bisschen über'n Tisch ziehen. Zum Beispiel war ich ja schon mal auf so 'nem Casting, also, das ist schon 'ne Weile her, aber ich kann mich trotzdem noch dran erinnern.« Sie nickt stolz. »Und da zahl' ich ja jetzt immer noch die Raten, dabei hab' isch gar kein Geld, haha!«

Hier schafft Katinka es, eine kurze Zwischenfrage zu stellen. »Wie, du zahlst Raten? Wofür denn?«

»Na ja, die haben da ja Fotos gemacht, für … wie heißt das denn noch mal?«

»Eine Setcard?«

»Ja, genau.«

»Und die hast du jetzt aber auch?«, fragt Katinka sehr suggestiv nach.

Sie überlegt. Mehrere Sekunden herrscht gespannte Stille. »Hey stimmt, genau, ich hab' die ja gar nicht bekommen. Und ich zahl' trotzdem Geld. Voll blöd, ne? – Hach, ich hab' schon so viel versucht, so mit Versicherungen und Investment und Fonds … da versprechen die einem immer, dass man ganz viel Geld verdient, aber das stimmt gar nicht unbedingt.«

Jahrelang habe ich mich gefragt, wer wohl auf diese blinkenden Anzeigen im Internet klickt: »Sie haben gewonnen!« oder »Wollen Sie 1 000 000 Euro verdienen?« Jetzt weiß ich es. Dieses Mädchen antwortet bestimmt auch auf Spam-Mails. Meine Laune wird immer besser. Spontan riskiere ich einen neuen Wortschwall: »Und was willst du dann jetzt so machen?«

»Na ja, ich will halt Model werden, ich meine, was auch sonst?«

Dass das Mädel durchaus hübsch, aber nur 1,57 Meter groß war, somit noch einen Kopf kleiner als ich, verbesserte ihre Chancen auf dem Modelarbeitsmarkt nicht sonderlich, selbst wenn sie mal auf seriöse Agenturen stoßen sollte. Als ich sie vorsichtig frage, ob sie denn wisse, dass sie für den Laufsteg ungefähr einen Meter zu klein sei, antwortet sie selbstbewusst:

»Ja klar, ich will ja auch in die Werbung, die suchen ja immer neue Gesichter, und ich hab' eins. Ein Gesicht, mein ich. Und der Typ bei dem Casting hat mich auch gefragt, wo ich mich so sehe, und da hab' ich gesagt: Werbung oder GZSZ! Und da hat er gesagt, da würd' er mich auch sehen. Der Typ bei dem letzten Casting hat gesagt, es kann sein, dass die sich in zwei Wochen oder in zwei Monaten melden.«

»Oder gar nicht«, murmelt Katinka.

»Ja genau, oder gar nicht – obwohl, das hat der jetzt so gar nicht gesagt. Ich hab' mir auch schon gedacht, das kann ja sein, dass der sich gemeldet hat, aber ich hab' ja ein neues Handy, dann hab' ich das halt gar nicht gemerkt, weil der mich nicht erreicht hat!«

Über so viel Einsicht können wir nur staunen.

»Ich mein', ich hab' ja auch schon mal überlegt, 'ne Bewerbung zu schreiben«, fährt sie fort, »für'n Job oder so, aber dann nicht so anstrengend, nä? Ich mein', heutzutage ist Arbeit ja immer anstrengend ...«

»Klar, im Gegensatz zu früher, bei den Sklaven«, denke ich.

»Aber ich mach' ja gerade Realschulabschluss nach, an der Abendschule. Und ich hatte ja auch mal so 'nen Job, hier mit Telefonieren, Call-Center und so, aber jetzt mal ohne Scheiß: Wenn ich da vier Stunden telefoniere – und ich telefonier ja privat auch noch, also wenn ich dann acht Stunden am Tag telefoniere, dann krieg' ich abends in meinen Kopf nix mehr rein!«

Während ich mich noch frage, wie man vier Stunden am Tag freiwillig privat telefonieren kann, hält der Bus an und wir steigen aus. Plötzlich fällt dem Mädchen auf, dass wir ja gar keine Parkuhren sind, die man einfach so volllabert und besinnt sich ihrer Manieren: »Wie heißt ihr eigentlich?« Bevor wir dazu kommen, zu antworten, fällt ihr jedoch schon etwas Neues ein.

»Ach ja, so jetzt mal das Geld! – Also manchmal frag' ich mich ja echt, wo das Geld so bleibt. Ich hab' heute morgen fünfzig Euro geholt, ne, ich mein': fünfzig Euro! Gut, dann dreißig Euro für den Friseur, zehn Euro Fahrkarten und dann noch mal zehn Euro für was zu trinken und so, aber, ey, da frag' ich mich doch, wo bleibt das Geld?«

Mit dieser abschließenden hochphilosophischen Frage drückt sie uns fünf Euro in die Hand und bedankt sich für unsere Tipps:

»Bezahl nichts, bevor du nichts bekommen hast. Unterschreib nichts, was du nicht verstehst!«

Sie dreht sich um und trippelt davon, in eine Zukunft voller Ungewissheit und zwielichtiger Casting-

Agenturen. Zuletzt sehen wir noch, wie sie staunend und interessiert an einem Scientology-Stand stehenbleibt, der kostenlose Stress-Tests anbietet.

»Und so was versorgt uns mal im Alter«, seufzt Katinka.

»Aber das ist doch toll«, entgegne ich, »dann sind wir zweiundsiebzig, altersdement, noch wirrer als je zuvor, werden heroinabhängig und sind trotzdem noch schlauer als die Zivis! Das ist doch total motivierend!«

Plötzlich bin ich bestens gelaunt und habe das Gefühl, mit allen Wassern gewaschen zu sein und mein Leben souverän im Griff zu haben.

Meine schönsten
Urlaubserlebnisse

Urlaub ist eine gute Sache. Vor allem, wenn man ihn selber macht. Ich persönlich kann ganz schlecht Leuten beim Urlaubmachen zugucken, zumindest denen nicht, denen man schon von ganz weit weg ansieht, dass sie gerade Urlaub machen. Ich meine die, die ihre Rotbäuchigkeit unter Kirmes-Motto-T-Shirts verstecken. Die in jedem Land stets in ihrer Muttersprache bestellen und, wenn sie nicht verstanden werden, dasselbe wiederholen, nur LAUTER, unterstrichen von eher kontraproduktiven Gesten. Denen man dann in einem Anflug spontanen Mitleids trotz Waldorfschul-Antipathie einen Gutschein für kostenlose Eurhythmie-Nachhilfestunden zukommen lassen möchte. Die, die als Pärchen im Partnerlook unterwegs sind und als Single so penetrant nach jemandem für den Partnerlook suchen, dass sie keinen finden, und wenn, dann nur jemanden, der noch schlimmer ist als sie.

Anders gesagt: Wenn ich in der Tourismusbranche arbeiten müsste, wäre sie schon ausgestorben.

Aber diesen Sommer war auch ich Tourist, zusammen mit Katinka. Wir waren auf Kreta, und meine nachträgliche Vermutung ist, dass alle Einheimischen, die ihr Geld nicht mit dem Anfertigen von Ziegenglocken verdienen, alljährlich im Winter einer Generalamnesie anheimfallen, die sie die ganzen schlimmen Erfahrungen mit den nervigen Touristen vergessen lässt. Nur so kann ich mir diese unglaubliche Freundlichkeit zu Saisonbeginn erklären. Oder aber die Hippies, die in den Siebzigern die minoritischen Höhlen in Matala bewohnten, haben ein immenses Dope-Lager hinterlassen, das die Dorfbevölkerung entdeckt hat und in streng medizinischen Dosen als Sommerimpfung konsumiert.

Wenn es nicht die Hippies waren, dann ist der Dope-Lieferant vermutlich unsere holländische Reiseleiterin Ann, die uns mit einem sehr seligen Lächeln begrüßt, kurz die Daten und Besonderheiten der Insel herunterleiert und uns versichert, dass wir sie IMMER anrufen könnten, wenn wir Probleme hätten oder Informationen bräuchten. Wir nicken begeistert und beziehen unser Zimmer in einer niedlichen kleinen Pension.

»ELIAS! Nicht auf die Terrasse pinkeln!«, kreischt eine Frauenstimme mit polnischem Akzent aus dem Zimmer nebenan. Eine Kleinfamilie aus Köln-Porz freut sich, »eschte Kölner« zu treffen, hier, »wo ja die Hygiene nicht so toll ist bei den Griechen, da is ja schön, wenn man da mal mit wem drüber reden kann«.

Wir flüchten geschickt und beschließen, Ann anzurufen, um nach günstigen Betäubungsmitteln oder effektiven Kampftechniken zu fragen, aber mein Handy-Akku ist leer.

»ELIAS!« verfolgt uns noch die nächsten sieben Tage. Auch sonst werden wir von anderen Hotelgästen der besonderen Art beschlagnahmt, zum Beispiel von einem elfjährigen hyperaktiven Isländer, der eine Vorliebe für Marilyn Manson hat, vor allem morgens um neun. Er heißt Athelsted, aber das kann ich mir nicht merken, also nenne ich ihn Ethelbert, worauf er aber auch nicht hört.

Wir ahnen, dass Ann viel zu tun haben wird, wenn mein Handy erst mal wieder aufgeladen ist. Die nächsten neun Tage verbringen wir deshalb fast ununterbrochen am Strand und finden unter Wasser viele Freunde, die nicht sprechen können, und geben uns großen philosophischen Fragen hin, die nur entstehen können, wenn das Hirn aufgabenlos zu lange in der Sonne brät.

»Woher kommt eigentlich Sand, und wozu ist er da?«, fragt mich Katinka. »Und was heißt eigentlich ›Schwester‹ auf lateinisch? Was war der zweite Hit von Taylor Dayne und warum?«

Ich will Ann anrufen, habe jedoch mein Handy im

Zimmer vergessen, und dahin will ich so schnell nicht zurück.

Im Dorf waren wir schnell bekannt.

»Das liegt an unseren roten Haaren«, tippte Katinka.

Wie sie so vor mir stand, in verkehrt herum angezogener Bikinihose und unterschiedlichsten Bräunungsgraden an verschiedensten Körperteilen, mit asymmetrischen Zöpfen und einer etwa drei Quadratmeter großen Sonnenbrille erschien mir die Haarfarbe fast zweitrangig zu sein. Gut, ich trug über meiner Badetracht einen Nanny-Fine-artigen Minirock, der so bunt war, dass jedes Chamäleon, das auf ihm Platz genommen hätte, garantiert komplett psychotisch geworden wäre. Aus Angst, dass ich die Taucherbrille nicht noch einmal so perfekt aufgesetzt bekäme wie im Strandzubehörladen, hatte ich sie erst gar nicht wieder abgesetzt.

»Ich glaube, es liegt an unserem Raki-Konsum«, hielt ich Katinka entgegen.

Ich hatte den Verdacht, dass, wer uns einmal nüchtern erlebt hatte, das nicht noch einmal durchstehen wollte, und so setzte jeder Barbesitzer alles daran, uns betrunken zu halten, was wir über einige Abende mühelos durchhalten konnten. An anderen Abenden beschlich uns das Gefühl, jemand hätte ein Schild neben uns aufgestellt, »Lebenshilfe hier für umsonst«, wahrscheinlich Ann, als Rache für die ganzen nicht getätigten Anrufe. Uns traf Manuel, der wohl einzige schwule

Grieche im Umkreis von fünfhundert Kilometern, der uns sein Herz ausschüttete und seine Lebensgeschichte erzählte. An den folgenden drei Tagen berichtete er von Männern, die er mal getroffen hatte oder gerne treffen würde, aber niemals trifft. Interessant, aber nicht ganz entspannend.

Er fragte mich nach meiner Handynummer. Ich gab ihm die von Ann.

Und auch den Nachwuchs beschäftigten wir. Dabei ergab sich folgendes Gespräch, das durchaus als Maßstab für zukünftige Generationenkonfliktsgespräche herhalten mag:

Eines sonnigen Nachmittags am Strand gesellen sich zwei sehr junge Griechen, siebzehn und achtzehn, Marke »Wir hatten heute unseren letzten Schultag und sind jetzt verdammt noch mal erwachsen« zu uns, mit denen wir durch Winken, Zunicken, Lächeln und Bezahlen schon in den letzten Tagen in Kontakt gekommen sind, an denen sie in den Restaurants ihrer Familien aushalfen. Sie setzen sich nonchalant auf unsere großen Handtücher und bitten um Rückeneinkrem-Hilfe, lustigerweise mit der eigenen Sonnenmilch. »Schutzfaktor 20, für Kinder« steht in bunter Schreibschrift auf der Flasche.

Grinsend erfüllen wir ihnen den Wunsch.

»Na, hoffentlich haben die jetzt wenigstens 'ne Wette gewonnen, und ihre zehn Freunde sitzen hinter dem Felsen und johlen!«, murmelt Katinka. Dann geht sie schwimmen, und der siebzehnjährige Yorgo folgt ihr schweren Herzens auf dem Fuße, hat er doch Angst vor Wasser und ihr gegenüber vermutlich andere Gedanken als schwimmen.

Ich plaudere mit Yannis, der sein Anliegen ziemlich schnell zur Sprache bringt.

»Ähhh, do you have a boyfriend?«

Nach seinem Lächeln zu urteilen, ist er sich der latenten Absurdität seiner Partnerinnenwahl durchaus bewusst. Ich beschließe, seriös aber empathisch zu antworten, so wie man halt kleine Kinder für eine kluge Frage lobt.

»Yes, I have!«

»Here in Matala?«

»No, in Germany.«

»So you have no boyfriend here in Matala?«

»No.«

»Strange!«

Er legt seine jugendliche und leicht pickelige Stirn in nachdenkliche Falten und schweigt. Ich hake nach.

»What is so strange about it?«

»Because there are many girls who have got a boyfriend in Germany AND one in Matala.«

Er beobachtet mich interessiert.

»But you have not.«

»No.«

»Do you WANT a boyfriend in Matala?«

»No, thank you, I'm on holiday. I don't need a boyfriend from Matala.«

»Strange!«

Kurze Pause, dann hellt sich sein Gesicht auf.

»Ähm, me, I'm not from Matala. I'm from Pitsidia, the next village. Do you already have a boyfriend in Pitsidia?«

Es gelingt mir fast nicht mehr, ernst zu bleiben.

»No, I don't have a boyfriend in Pitsidia. And by the way: I don't want one.«

»Oh, okay. You are strange!«

»That's okay for me!«

Er ist zwar erst achtzehn, aber doch schon Teilzeit-frauenversteher.

»Oh, for me, it's no problem! So we just can be friends. I sit here and you sit there. And we don't do nothing, just talk. It's okay! No problem!«

»That's a good idea!«

Ich lächle ihm sehr freundschaftlich zu, es herrscht ungefähr eine Minute lang Stille, in der er sich pfei-fend und am Kopf kratzend, also offensichtlich gelang-weilt, in der Gegend umschaut, bis ihm eine erneute Idee kommt.

»Hey, I can protect you!«

»You? Protect me? From what?«

»From other men!«

Wir sitzen, abgesehen von ein paar Seniorenhippies und sehr verliebten Pärchen, alleine am Strand.

»Äh … except of you, there are no other men from which I must be protected.«

Er strahlt noch mehr.

»So I must protect you from ME!«

Er nickt bekräftigend, ich versuche eine andere Taktik.

»Do you have a girlfriend?«

»Yes. But not here in Matala. In Pitsidia.«

»So you think, you need a girlfriend in Matala?«

»Yes, maybe.«

Er grinst.

»Or in Germany. My girlfriend doesn't know that I talk to other woman. She's so jealous.«

»Aha! And you are not jealous? What would happen if you see her sitting around with other men?«

Er winkt ab.

»It can't happen. Because her father is strange, he won't let her go out so often.«

»Yes, but she met you, so it must be possible, that she meets other men, right?«

Langsam scheint ihm ein Licht aufzugehen.

»Ye-hes ...«, sagt er gedehnt.

»So what would you do, if you see her talking to other men?«

Er strafft sich und sagt im Brustton der Überzeugung:

»I would not be jealous, I would finish!«

Nach diesem Beispiel jugendlichen Machotums herrscht kurze Pause, dann kehren Katinka und Yorgo aus dem Wasser zurück. Yorgo hat das Meer aus wasserscheuen Gründen nur mit den Zehen berührt, weshalb den beiden ein tiefer gehender Dialog versagt geblieben ist. Wir finden aber schnell ein intensives, verbindendes Gesprächsthema, indem wir uns Schimpfwörtervokabeln in all uns bekannten Sprachen beibringen und somit wirklich eine Freundschaftsgrundlage schaffen, die mit dem Austausch griechischer Handyklingeltöne auf ewig besiegelt wird.

Abends treffen wir alle am Strand, bringen ihnen »ein kleiner Matrose« in Gebärdensprache bei, verkuppeln Manuel als Tagesvater für ELIAS, Ethelbert an Yannis und Yorgos und Ann an alle.

Matala wird nie mehr dasselbe sein.

Wellness für Outsider oder Erholung leicht gemacht

Alle Menschen müssen mal entspannen, sogar jüngere. Damit meine ich nicht die dynamischen »Mit dreißig schon erfolgreicher Art-Director in der Werbeagentur, aber dafür Magengeschwür«-Business-Youngsters, sondern vor allem die »Vielleicht hab ich ja auch bald mal mein Studium fertig«-Dreißiger, wie zum Beispiel meine Freundin Anjita und mich. Es war an der Zeit, dass wir uns von den vielen unlukrativen Nebenjobs, vom anstrengenden Nachtleben und dessen Konsequenzen (Kater und Liebeskummer) und besonders vom unstrukturierten Dauerherumhängen erholten. Kurzum, wir wollten mal kurz vom Rock'n'Roll des Studentenlebens pausieren.

»Ich dachte mal an etwas richtig Konventionelles. Wie wär's mit einem Wellness-Tag? Ich hab' zwei Gutscheine für das neu eröffnete Saunabad in der Theoderichstraße!«

Ich wedelte mit den zwei Schnipselchen vor Anjitas Nase herum.

»Und das ist wirklich ohne Alkohol?«

Ihre Stimme war ein ungläubiges Flehen.

»Ja, aber das, was wir ausschwitzen, kann man bestimmt noch als Hochprozentiges verkaufen. Los jetzt!«

Eine halbe Stunde später waren wir in »Poseidon's Paradies« angekommen, eine Saunaanlage im japanischen Stil mit einem Zen-Garten.

Wir legten uns als Erstes in die plätschernden Warmwassergrotten und beobachteten die Anwesenden. Wer jemals behauptet hat, im Saunabad sei durch die Überpräsenz von Nacktheit dieselbe uninteressant und spiele keine Rolle, der lügt. Wir sahen Nackte, die nicht nackt aussahen, weil sie mit sehr viel Goldschmuck behangen waren, und wir sahen Nackte, die ihnen neidisch hinterherguckten. Wir sahen Baucheinzieher, Bauchherausstrecker, Menschen mit unmöglichen Tattoos an noch unmöglicheren Stellen und… Angezogene. Sie fielen insofern unangenehm auf, als dass es durchweg gutaussehende, durchtrainierte junge Männer waren. Es handelte sich um die Saunameister, die die Aufgusszeremonien vollzogen.

»Ob die bei so viel nackter Haut Nacktsein überhaupt noch erotisch finden?«, fragte mich Anjita.

»Glaubst du etwa, sie sagen abends zu ihrer Freundin ›Zieh dich an, Baby?‹«, spottete ich.

Anjita juchzte bei der Vorstellung, und ich lachte mit.

Sofort stand ein Angezogener neben uns.

»Mäßigen Sie sich bitte!«, zischte er, jedoch nicht ganz unfreundlich.

Anjita strahlte ihn an.

»Sie sind aber flott zur Stelle, für Sie würd' ich mich auch anziehen!«

»Gibt's hier eigentlich auch Schnittchen? Oder Luftballons? Ist doch Neueröffnung!«, fragte ich den Aufpasser.

Verwirrt schüttelte der Mann den Kopf und ließ uns in Ruhe weitergiggeln.

»Das ist wirklich sehr erholsam hier! Das war eine gute Idee!«, beglückwünschte mich Anjita.

Wir wechselten ins Entspannungsunterwasserbad über. Hier konnte man sich auf Schaumstoffwürste legen, durch das Wasser gleiten lassen und unter Wasser Delphingesang mit Bachsymphonien hören. Wir trieben zwischen dicken rotbäuchigen Männern, die um auffällig junge, dünnbäuchige Frauen herumpaddelten.

»Los, du machst ausfindig, wo die Anlage steht, und ich leg' meine Motörhead-Cassette rein«, schlug ich Anjita vor. Eigentlich war es wirklich an der Zeit, dem ganzen Laden ein wenig Schwung zu verpassen, und die Vorstellung, Walgesänge durch »Ace of Spades« zu ersetzen, erschien mir sehr verlockend.

In der finnischen Trockensauna besprachen wir die aktuellen Affären aller uns bekannten Mitmenschen und unterhielten uns dann lautstark flüsternd über nässenden Ausschlag und dessen erhöhtem Ansteckungspotential in Saunabädern, woraufhin wir den Schwitzraum sehr bald ganz für uns alleine nutzen konnten.

Anschließend riefen wir im Ruheraum eine improvisierte »Wer-wird-Millionär«-Runde aus.

»Was hat Ludwig Koslowski am 12. 9. 1977 am Timmendorfer Strand im Meer verloren? a) seine Frau, b) seine Unschuld, c) seine Brille oder d) alles auf einmal?«, krähte Anjita.

Ich kam nicht mehr dazu, das Publikum zu befragen, da uns von einem der Angezogenen bewusst gemacht wurde, dass der Großteil der Anwesenden unter »Wellness und Entspannung« wohl doch etwas anderes verstand als wir.

»Die Durchschnittsbevölkerung von heute weiß eben gut gemachte Unterhaltung kaum noch zu würdigen«, seufzte Anjita schicksalsergeben und lächelte den jungen Mann an, der uns energisch Richtung Ausgang schob.

»Och, ich hab' mich amüsiert!«, sagte ich, zuckte mit den Schultern und freute mich über den schicken Bademantel, den ich unerkannt mit nach draußen geschmuggelt hatte. »Das sollten wir öfters machen!«

Der angezogene Adonis, der soeben die Eingangstür hinter uns zuschließen wollte, riss erschrocken die Augen auf und schüttelte schnell und nachdrücklich den Kopf. »Dann aber bitte an meinem freien Tag, ja?«, flehte er. »Oder geht doch zum Zahnarzt. Oder zum Einwohnermeldeamt!«

Wir dankten artig für die innovativen Vorschläge und gingen auf direktem Wege in unsere Stammkneipe, weitere Pläne schmieden. Immerhin waren wir jetzt ja komplett regeneriert. So ein Wellness-Tag ist jedem unbedingt zu empfehlen!

Ein Anfang ist immer auch ein Ende

»Mmmpfhkrchhxl …«

Ich zuckte zusammen. Das Geräusch neben meinem Ohr klang wie ein verstopftes Abflussrohr, floss in die absolute Leere in meinem Schädel, prallte von einer Innenkopfseite zur anderen und erzeugte ein Echo in zehnfacher Lautstärke, das meine Kopfschmerzstränge in helle Aufregung versetzte. Aua.

Ich hatte einen sehr pelzigen Geschmack im Mund. Unter dem Waschbecken war ich noch nie eingeschlafen. Ich versuchte, mich umzusehen. Ich lag gar nicht unter dem Waschbecken, ich lag in meinem Bett! Und der pelzige Geschmack entpuppte sich als tatsächlicher Pelz, dessen Inhalt ich als Lenin, Kalles Schäferhundmischling, identifizierte.

Lenin lag quer über mir, schnarchte selig und strömte leichten Bierdunst aus. Ein Verdacht stieg in mir auf. Das Geräusch neben mir war dann wohl auch kein

Abflussrohr gewesen. Jetzt, wo er die Decke aus dem Mund genommen hatte, konnte ich ihn auch verstehen.

»Heeh, ob du auch'n Kaffee willst, hab' ich gefragt!«

»Ich will die Wahrheit wissen! Wie kommst du hierher!?«

Ich saß senkrecht im Bett. Hatte ich mit Kalle etwa…?

»Mit dir. Durch die Tür. Ich hab' dich die Treppe hochgezogen, aber das mit dem Blumentopf im Treppenhaus eine Etage tiefer, das war deine Schuld. Du warst so sperrig in den Kurven.«

Kalle blickte mich treuherzig an. Als er mein offensichtliches Misstrauen der gesamten Situation gegenüber analysiert hatte, grinste er.

»Keine Angst«, beruhigte er mich. »Du hast nichts getan, was du bereuen müsstest!«

»Sagst du«, erwiderte ich und versuchte mich zu erinnern.

Ich war im »Out of Bounds« gewesen, um mit Anjita ihren erfolgreich abgeschlossenen Unternehmensberater-Studiengang zu feiern. Mit noch ein paar Freundinnen hatten wir die Frauenanwesenheitsstatistik im »Bounds« auf Jahre um zweihundert Prozent nach oben getrieben. Es war ein sehr lustiger Abend gewesen, bis zu dem Zeitpunkt, als mich Eve die Killerfrage fragte. Wir hatten uns gerade über Wiederbelebungsmaßnahmen bei Igeln unterhalten, als Anjitas Freundin Eve sich unvermittelt an mich wandte: »Und? Was machst du denn jetzt eigentlich so jobmäßig?«

Es war mir gelungen, mein Ist-die-Welt-schön-Grinsen aufrechtzuhalten, bis Eve eine halbe Stunde später abgezogen war. Jedem anderen hätte ich erzählt, dass meine Zukunftsperspektiven nebulös bis »wegen Schlechtwetterwarnung nicht befahrbar« waren. Aber nicht Eve. Eve war schon immer höher, schneller, weiter gewesen. Dass sie sich überhaupt herabgelassen hatte, im »Bounds« zu erscheinen, zeugte von einem guten Restcharakter, welcher rechtfertigte, sie noch immer zu Anjitas Freundeskreis zu zählen. Aber Eve gegenüber einzugestehen, dass mein Leben aus dämlichen Nebenjobs und einem Studium, das ich niemals als Beruf ausüben wollen würde, bestand – da hätte ich lieber meinen Eltern gebeichtet, wie es in Wahrheit um mich steht.

Ich war gut darin, Zustände zu analysieren und zu formulieren, und was andere Leute betraf, hatte ich auch meist sinnvolle Lösungen und Ratschläge parat, die manchmal sogar umgesetzt wurden und halfen. Nur in der Selbsttherapie hatte ich, gelinde gesagt, einen blinden Fleck, den ich sorgfältig pflegte. Manchmal jedoch sah ich ziemlich klar, zum Beispiel nach Eves Weggang, drei Gin Tonic nach ihrer verhängnisvollen Frage. Was machte ich eigentlich so? Ich saß an der Theke und sah Anjita strahlen. Sie hatte gute Stellenangebote in Aussicht. Tom hinter der Theke hatte seinen einigermaßen laufenden Laden. Da ging die Tür auf, und Kalle kam herein. Kalle, der vor einem Monat seine Rettungssanitäterausbildung abgeschlossen hatte. Alle, alle hatten sie etwas, das ihnen entweder Spaß machte oder aber Geld brachte. Und ich? Was hatte ich? Eine orangefarbene Weste und ab und zu ein gutes Trinkgeld beim Kellnern. Ich wusste etwas über Sozialrecht und frühkindliche Entwicklungspsychologie, und all das interessierte mich einen Scheißdreck. Was war eigentlich *meine* Leidenschaft? Was machte mich eigentlich glücklich? Was war überhaupt Glück?

Tom wusste diese innere Frage zumindest kurzzeitig mit einem neuen Gin Tonic zu beantworten. Das Gold der Wirte liegt im kurzen Glück der Gäste. Kalle hatte mich erblickt und strahlte auf mich zu. So viel Sonnenschein konnte ich jetzt nicht ertragen, ich flüchtete auf die Toilette. Vor dem Waschbecken besah ich mein Gesicht im Spiegel. Äußerlich sah ich heute ein bisschen aus wie ein Rotkäppchen, das seinen Kopf zu lange vor einen Industriestaubsauger gehalten hatte. Der böse Wolf würde alt neben mir aussehen, vor allem, wenn ich ein so begeistertes Gesicht zog wie jetzt. Ich ging zurück an die Theke, um mir weiter leidzutun, aber Kalle erwartete mich bereits. Er hatte wohl gemerkt, dass ich nicht richtig guter Dinge war und versuchte, mein Gemüt zu erhellen, indem er lustige Geschichten aus seinem Arbeitsalltag erzählte. Kalle, der Liebling aller Unfallopfer. Es funktionierte! Ich war wirklich wieder gut gelaunt, sodass ich, als Kalle nach einigen weiteren Gin Tonic fragte, was mir denn vorhin für ein Tier über die Leber gelaufen sei, nur eine wegwerfende Handbewegung machte und ein »Schon gut« nuschelte. Doch Kalle ließ nicht locker.

»Wenn du so hartnäckig arbeitest, wie du gerade bohrst, lädst du die Leute schon in den Krankenwagen, bevor sie verletzt sind«, versuchte ich zu scherzen.

Aber der Alkohol hatte bereits seine Wirkung getan, ich war über ein Interesse an meiner Person, das über mehr als zwei Fragen hinausging, gerührt und bin im betrunkenen Zustand ohnehin dicht am Wasser gebaut. Die Tränen stiegen mir in die Augen.

»Was ist denn jetzt los?«, fragte Kalle bestürzt.

Jetzt nicht heulen, dachte ich. Nicht hier. Nicht vor Kalle. Denn Kalle würde nett sein und alles nur noch schlimmer machen.

Ich heulte, und Kalle machte es noch schlimmer.

Er bestellte zwei doppelte Gin Tonic und zwei Jägermeister, zog mich aufs Sofa in der Ecke und fragte weiter.

»Du rettest Leute und ich nicht!«, schluchzte ich los.

»Ich wusste nicht, dass du Sanitäterin werden willst …«, wunderte sich Kalle.

»Nein! Ich weiß überhaupt nicht, was ich werden will. Ich kann doch nicht ewig Baguettes verkaufen oder Straßen absperren!«, jammerte ich.

»Warum nicht?«

»Weil ich es nicht will!«, rief ich.

»Na, da weißte doch immerhin schon, was du nicht willst«, lächelte Kalle.

»Ich weiß gar nichts, ich kann gar nichts, ich weiß ja noch nicht mal, wer ich bin!«

Wenn ich mal in Fahrt komme, bin ich eine Dramenkönigin.

»Jetzt mach mal langsam«, beruhigte mich Kalle, »Letzteres ist gar kein schlechter Ausgangspunkt, und du hast 'ne Menge Gin Tonic dahineininvestiert, diese Mühe sollte heute Abend nicht umsonst gewesen sein. Die Welt kannst du jetzt eh nicht mehr ändern, tu das morgen früh ... äh, Mittag. Prost! Und falls es dich interessiert: Ich mag dich. Du bist ein guter Mensch. Du hast mir immer rechtzeitig das Kölschglas unterm Kopf weggezogen, wenn ich besoffen auf die Theke gefallen bin ... und das ist nur *ein* Beispiel!«

Richtig beruhigen konnte mich das nicht, aber die nächste Runde Jägermeister tat den Rest. Ab da fehlte mir jede Erinnerung.

»Gibt nicht mehr viel zu erzählen, du bist immer wieder an meiner Schulter eingeschlafen, und immer, wenn ich dich geweckt hab', hast du gesagt: ›Bring mich nach Hause, Kalle!‹« Theatralisch verdrehte er die Augen. »Was blieb mir da noch übrig?«

»Keine peinliche Vorstellung mehr im ›Bounds‹?«

»So wie damals, als du alle heiraten wolltest, die es schaffen, mehr Tequila zu trinken als du, und du später die Tür zum Klo mit der zur Küche verwechselt hast? – Nein, so was nicht.«

Erleichtert schloss ich die Augen. Kalle robbte näher an mich heran. »Geht's dir denn jetzt besser?«

Ich öffnete die Augen wieder. Kalle lag direkt neben mir auf dem Bauch, sein kurzer grün-blauer Iro sah aus wie das Ergebnis eines Origami-Kurses für Anfänger. Noch nie waren mir seine unverschämt langen Wimpern aufgefallen. Kalle hatte manchmal wirklich einen Ich-wickle-Französischlehrerinnen-um-den-kleinen-Finger-Blick.

Plötzlich überkam mich ein Gefühl philosophischer Melancholie. »Kennst du das Gefühl, dass es dir gut geht, ich meine, wirklich gut, dass du weißt, dass du dich glücklich schätzen kannst, genau das Leben zu führen, das du führst, weil es genau das ist, was du haben willst? Und dann ist plötzlich alles anders, obwohl sich an den Fakten und Umständen gar nichts geändert hat, außer dass du plötzlich gar nichts mehr dafür empfindest? Dass du dich so sehr sehnst, dieses schöne Gefühl wieder zu spüren, und du plötzlich Angst hast, dass du nie wieder etwas Schönes fühlen wirst, dir nie wieder sicher sein kannst, was dich glücklich macht? Dass du die ganze Welt in Frage stellen musst?«

Kalle überlegte. »Hmm, nö. Eigentlich nicht.«

Okay, ich war vielleicht ein Dreck gegen Trakl, aber ich hatte es wirklich so gemeint. Ich kam mir ziemlich blöd vor.

»Aber ich weiß, dass du dir da keine Sorgen drum machen musst. Es wird immer wieder etwas Schönes für dich geben. Mir ging's entweder richtig scheiße, und dann hatte es den Grund, dass ich gerade in der Scheiße lebte, und dann ging's mir wieder gut, weil ich aus der Scheiße draußen war. Ich hatte es aber auch gut. Ich hatte immer den Traum, Rettungssanitäter zu werden, und jetzt bin ich's. Vielleicht muss ich mir bald ein neues Ziel suchen. Was das ist, weiß ich auch nicht, aber es wird eins kommen. Du bist auf jeden Fall talentiert für deinen Sozi-Kram, aber wenn du da keinen Bock drauf hast, wirst auch du bald auf was anderes kommen. Du hast doch echt was auf 'm Kasten!«

»Danke.«

»Du darfst nicht an dir zweifeln, du musst hartnäckig sein.«

»Aber wenn ich doch nicht weiß, auf welches Ziel ich hartnäckig hinarbeiten soll, dann fällt mir das mit der Hartnäckigkeit eher schwer«, seufzte ich. »Okay, vielleicht krieg' ich ja auch einfach meine Tage.«

Er sah mich kurz an, als sei ich ein schlafendes Raubtier. Dann entspannte er sich und nahm den Gesprächsfaden wieder auf, um ein Geständnis zu stricken.

»Manche Ziele lassen sich mit Hartnäckigkeit auch nur scheinbar erreichen…«

Kalle senkte den Kopf. Ich sah ihn fragend an.

»Ich mein', seit Monaten bagger' ich dich an und versuche dir klarzumachen, dass ich dich toll finde –

und immerhin liege ich jetzt in deinem Bett, das tut auch nicht jeder, wenn auch die Hintergründe nicht die üblichen sind ...«

Er lächelte schief.

»Ich mein', nicht dass du jetzt denkst, ich will nur hier sein, weil ich mit dir ... ich bin nicht so einer, ich ... ich ... ich finde Sex nicht so wichtig. Eher unwichtig. Fast langweilig. Eigentlich ... doof!«

Ich war entsetzt: »Das ist nicht dein Ernst, Kalle!«

»Nein. Doch. Ich mein' nur ... also, ich bin nicht deswegen hier.« Ich war hin- und hergerissen zwischen Rührung, Überraschung und Überforderung. »Ist jetzt vielleicht ein blöder Zeitpunkt, aber ich würde einfach gern mal wissen ... hab' ich überhaupt Chancen? Sonst hör' ich jetzt echt auf, dich anzubaggern, bevor ich dir auf die Nerven gehe.«

Niemals hätte ich mich getraut, so etwas zu fragen, ich verließ mich in solchen Situationen immer auf meine Intuition oder auf den Alkoholpegel. Ich war überwältigt von Kalles Offenheit, seiner Uneitelkeit und der Tatsache, dass ich mich bisher immer nur als Kumpel zu ihm hingezogen gefühlt hatte. Ich war mir nicht sicher, ob das jetzt wirklich anders war.

»Ich weiß es nicht, Kalle. Ich glaube, ich würde jetzt lieber über schlimme Krankheiten sprechen oder so. Falls sich etwas daran ändern sollte, lass' ich es dich als Ersten wissen.«

Kalle haute mir liebevoll auf die Schulter, ich zuckte

zusammen, und Lenin schnaufte unwirsch, weil sich dadurch seine Schlafposition ungünstig verschob. Kalle überlegte kurz.

»Ach weißt du«, grinste er, »ich hör' einfach trotzdem nicht auf, dich anzubaggern. Ein Hobby muss der Mensch ja haben!«

Ich freute mich.

»Weißt du, ich glaube, ich könnte jetzt sogar über mittelschwere Krankheiten sprechen. Was weißt du eigentlich über Gürtelrose?«

Selbst Lenin lächelte im Schlaf.

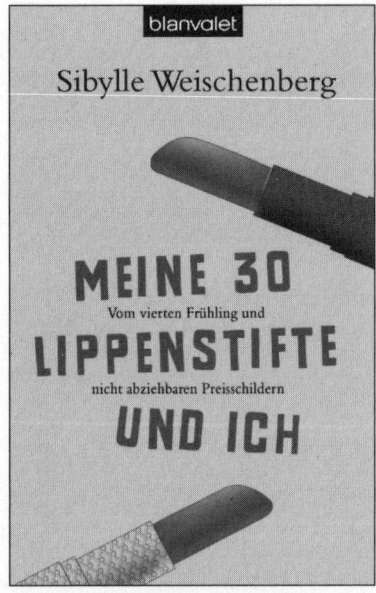